Sepp Linhart

„NIEDLICHE JAPANER“ ODER GELBE GEFAHR?

WESTLICHE KRIEGSPOSTKARTEN 1900 – 1945

“Dainty Japanese” or Yellow Peril?

Western War-Postcards 1900 – 1945

LIT

Umschlagbild: G. Bigot: *Le Rêve* (Privatbesitz).
Vgl. Nr. 36.

Gedruckt mit Unterstützung des Bundesministeriums für Bildung, Wissenschaft und Kultur in Wien

Bibliographic information published by Die Deutsche Bibliothek
Die Deutsche Bibliothek lists this publication in the Deutsche Nationalbibliografie; detailed bibliographic data are available in the Internet at http://dnb.ddb.de.

ISBN 3-8258-8655-7

A catalogue record for this book is available from the British Library

Krotenthallergasse 10 A-1080 Wien
Tel. +43 (0) 1 / 409 56 61
Fax +43 (0) 1 / 409 56 97
e-Mail: wien@lit-verlag.at
http://www.lit-verlag.at

LIT VERLAG Münster 2005
Grevener Str./Fresnostr. 2 D-48159 Münster
Tel. +49 (0) 2 51/62 03 20
Fax +49 (0) 2 51/23 19 72
e-Mail: lit@lit-verlag.de
http://www.lit-verlag.de

Auslieferung:
Deutschland: LIT Verlag Deutschland: Grevener Str./Fresnostr. 2, D-48159 Münster
Tel. +49 (0) 2 51/620 32 - 22, Fax +49 (0) 2 51/922 60 99, e-Mail: vertrieb@lit-verlag.de
Österreich: Österreichisches Buchzentrum (ÖBZ) IZ-NÖ. Süd, Straße 1, Objekt 34, A-2356 Wr. Neudorf, Postfach 133
Tel. +43 (0) 2236/63 535 - 236, Fax +43 (0) 2236/63 535 - 243, e-Mail: oebz@oebz.co.at

Distributed in the UK by: Global Book Marketing, 38 King Street, London WC 2E 8JT
Phone: +44 (0) 207 240 6649 – Fax: +44 (0) 20 7497 0309, http://www.globalbookmarketing.co.uk

Distributed in North America by:

Transaction Publishers
New Brunswick (U.S.A.) and London (U.K.)

Transaction Publishers
Rutgers University
35 Berrue Circle
Piscataway, NJ 08854

Tel.: (732) 445 - 2280
Fax: (732) 445 - 3138
for orders (U. S. only):
toll free (888) 999 - 6778

INHALT

DEUTSCHSPRACHIGER TEIL

CONTENTS

ENGLISH LANGUAGE PART

Editorischer Hinweis

Der Band besteht aus einem erklärenden Textteil in Deutsch am Anfang bzw. in Englisch am Ende des Buches.
In der Mitte finden sie den Bildteil mit den Postkarten.

Editorial Note

The book has been divided into two sections of descriptive texts explaining the postcards: one in German at the beginning and one in English at the end of the book.
The plates with the postcards are placed at the center of the book.

I

„Niedliche Japaner“ oder Gelbe Gefahr? Sichtweisen von Japan auf westlichen Kriegspostkarten 1900 bis 1945

Die niedlichen Japaner

Ein freundliches Japan-Bild beherrschte in Europa und Amerika die letzten Jahrzehnte des 19. Jahrhunderts. Seinen materiellen Ausdruck fand es in der Kunst im Japonismus und im Alltagsleben in der Japonaiserie. Japan war für den Westen eines der letzten Paradiese der Welt; bewohnt von immer lächelnden, trippelnden Geishas oder Mousmés in farbenfrohen Kimonos, von halbnackten, muskulösen Kulis und Rikschafahrern, sowie von einer Oberschicht, die in westlichen Gewändern internationale Anerkennung suchte. Bunte Holzschnitte mit sentimentalen Landschaften von Hiroshige und Schauspieler- und Kurtisanendarstellungen von Toyokuni III und anderen prägten das Japan-Bild der Kunst, zahlreiche Japanopern wie *Iris* von Mascagni und *Madame Butterfly* von Puccini sowie Japanoperetten wie *Der Mikado* von Gilbert und Sullivan und *Die Geisha* von Jones brachten mit ihren Arien und Schlagern ein imaginiertes Japan in jedermanns Ohr; millionenfach importierte japanische Lackwaren, Schächtelchen und Döschen jeder Art verschönten den Alltag selbst der Durchschnittsfamilien. Japan war lieblich, niedlich, freundlich, klein, zart, zerbrechlich, und es konfrontierte den Westen mit einer anderen Ästhetik und einer Vielfalt neuer Formen.

Japans moderne Kriege

Dass Japan bereits 1876, nur 22 Jahre nach seinen eigenen schmerzlichen diesbezüglichen Erfahrungen, die westliche Kanonenpolitik übernommen und seinerseits auf Korea angewandt hatte, als es dessen Öffnung erzwang, blieb im Westen noch weitgehend unbemerkt. Auch der Sino-Japanische Krieg von 1894 – 95 galt als ein regionales ostasiatisches Ereignis. Viele wunderten sich wohl darüber, dass das kleine Japan das riesige China besiegt haben sollte. Nach der chinesischen Niederlage konnten allerdings die japanischen Bäume nicht in den Himmel wachsen, denn die Tripelintervention von Russland, Frankreich und Deutschland verhinderte zunächst eine weitergehende Änderung der ostasiatischen Machtverhältnisse und diente so den eigenen imperialistischen Interessen der europäischen Mächte in Ostasien.

Als 1900 in China der so genannte Boxeraufstand ausbrach und die damaligen Großmächte zum Schutz ihrer Bürger und zum Ausbau ihrer Interessen in China intervenierten, machte das Schlagwort von der „gelben Gefahr“ zum ersten Mal in weiten Kreisen die Runde. Kaiser Wilhelm II hielt am 27. Juli 1900 bei der Verabschiedung der deutschen Truppen in Bremerhaven die so genannte „Hunnenrede“: ein Musterbeispiel der Xenophobie, in die er seine ganze Verachtung für und seine Angst vor den Völkern Asiens hineinpackte. Für Wilhelm II war vor allem ein möglicher Pakt zwischen China und Japan ein Schreckgespenst. Beim Boxeraufstand hatte Japan noch keine Absichten, gegen den Westen vorzugehen. Es wollte lediglich ein besonders großes Stück vom chinesischen Kuchen und entsandte mit 12.000 von insgesamt 32.000 Mann das bei weitem größte Truppenkontingent der acht involvierten Länder nach Peking.

Schon vier Jahre später führte Japan abermals Krieg, diesmal gegen Russland. Am 8. Februar 1904 startete Japan einen Überraschungsangriff auf den russischen Hafen Port Arthur (Lüshun), nachdem Verhandlungen zwischen den beiden Ländern zu keinerlei Lösung der Korea- und der Mandschurei-Frage geführt hatten. Zum ersten Mal war der Westen wirklich geschockt: ein kleiner asiatischer Inselstaat hatte es gewagt, eine riesige europäische Kontinentalmacht anzugreifen! Der Kampf zwischen Weiß und Gelb war Wirklichkeit geworden. Japan konnte sich allerdings nur in diesen Krieg wagen, weil es von Großbritannien und durch amerikanische Gelder unterstützt wurde. Russland seinerseits war mit Frankreich verbündet. Nach der Vernichtung der russischen Baltischen Flotte in der Seeschlacht von Tsushima am 27. und 28. Mai 1905 waren beide Staaten finanziell ausgeblutet. Einen Vermittlungsvorschlag des amerikanischen Präsidenten Roosevelt nahmen sie daher gerne an.

Deutschland hatte 1898 das Pachtgebiet Kiautschou (Jiaozhou) mit der Hafenstadt Tsingtao (Qingdao) für 99 Jahre erworben. Es sollte zu einer Musterkolonie umgestaltet werden. Nach Ausbruch des Ersten Weltkriegs in Europa sah Japan seine Chance gekommen, Deutschland in China und in der Südsee zu verdrängen. In kurzer Zeit wurden Tsingtao in China und die Marianen, Karolinen und Marshall-Inseln in der Südsee eingenommen. Japan hatte zum zweiten Mal eine europäische Macht in Asien besiegt. Natürlich hatte das große Auswirkungen auf das Japan-Bild in Deutschland. Immerhin empfanden aber die meisten deutschen Kriegsgefangenen, die erst nach Beendigung des Weltkriegs nach Deutschland zurückkehren konnten, ihren Lageraufenthalt als nicht so schrecklich und bei manchen von ihnen entstanden sogar langfristige Sympathien für Japan.

Die veränderten politischen Verhältnisse in Russland nach der Oktoberrevolution 1917 hatten keine positive Änderung der Beziehungen zu seinem Nachbarn Japan zur Folge, im Gegenteil. Das kommunistische Russland war für Japan ein abschreckendes Beispiel und bewirkte dort eine verstärkte Kontrolle und Verfolgung von Kommunisten und Sozialisten. Für die Sowjetunion ihrerseits war Japan ein Musterland des Kapitalismus und Imperialismus. Nachdem sich Japan 1922 aus Sibirien und 1925 aus Nordsachalin, wohin es 1918 in der Hoffnung auf weiteren Gebietsgewinn Truppen entsandt hatte, zurückgezogen hatte, dauerte es nur dreizehn Jahre bis sich die beiden Länder wieder als Kriegsgegner gegenüber standen. Im Sommer 1938 forderten Kämpfe zwischen japanischen und sowjetischen Truppen bei Changkufeng in der Nähe des Grenzdreiecks Sowjetunion, Mandschurei und Korea einige tausend Opfer auf beiden Seiten, und im Sommer 1939 erlitten japanische Regimenter beim Dorf Nomonhan an der mongolisch-mandschurischen Grenze gegen hoch technisierte sowjetische Truppen unter Marschall Tschukow in einem etwa dreimonatigen Krieg eine empfindliche Niederlage. Dies dürfte mit dafür ausschlaggebend gewesen sein, dass Japan 1941 entgegen Hitlers Wünschen der Sowjetunion nicht den Krieg erklärte.

Nachdem Japan die Nordvariante – Vormarsch in Sibirien – verworfen und sich für die so genannte Südvariante entschieden hatte, besetzte es zunächst Teile Französisch-Indochinas, was natürlich durch die Kriegsereignisse in Europa erleichtert wurde. Durch ein amerikanisches Embargo in die Enge getrieben, entschloss sich die japanische Führung für einen Blitzkrieg gegen die USA, um eine bessere Verhandlungsposition zu erreichen. Am 7. (in Japan: 8.) Dezember 1941 erfolgte der überraschende Angriff auf die amerikanische Pazifikflotte im Flottenstützpunkt Pearl Harbor auf Hawaii. Dieser sollte eine wirksame amerikanische Kriegsführung gegen Japan für einige Zeit verhindern. In der Folge wurden die amerikanischen, britischen und niederländischen Kolonien in Südostasien systematisch erobert: die Philippinen, die malaiische Halbinsel mit Singapur und Niederländisch-Indien. Doch der Krieg im Pazifik wurde ein Krieg hauptsächlich mit den USA, der erst nach dem Abwurf der beiden Atombomben auf Hiroshima und Nagasaki und nach dem Kriegseintritt der Sowjetunion gegen Japan am 8. August 1945 mit der Annahme der bedingungslosen Kapitulation durch Japan am 15. August 1945 beendet wurde.

Das „kleine", „niedliche" Japan hatte also in den ersten vier Jahrzehnten des 20. Jahrhunderts mit allen westlichen Großmächten Krieg geführt. Stets hatte es dabei die Initiative ergriffen: gegen das zaristische Russland und später die Sowjetunion, gegen Deutschland, Frankreich, die USA, Großbritannien und die Niederlande, ganz abgesehen von seinen ostasiatischen Nachbarn Korea, das bereits 1910 zur japanischen Kolonie gemacht worden war, und China, das ab Ende der zwanziger Jahre immer wieder Ziel japanischer Militäraktionen wurde und 1931 die Mandschurei verlor, ehe 1937 ein langjähriger Krieg zwischen den beiden Staaten begann.

Diese 40 Jahre veränderten das Bild von Japan im Westen grundlegend. In dem putzigen operettenhaften Inselstaat war den westlichen Mächten ein ernst zu nehmender Konkurrent erwachsen. Aus dem Agrarstaat unter der Herrschaft malerischer Samurai mit blitzenden Schwertern war ein hoch aufgerüsteter Militärstaat geworden. Er stand dem Westen in nichts nach, und seine Soldaten waren vielleicht bereit, noch unerbittlicher und aufopfernder zu kämpfen. Dieser Wandel des Japan-Bildes blieb auch in der Populärkultur nicht ohne Widerhall. Zu den wichtigsten Medien, mittels welcher diese neuen Japan-Bilder in einer Zeit ohne Fernsehen transportiert wurden, zählten die gerade erfundenen Ansichtskarten.

Die Ansichtskarte – das Bildmedium der ersten Hälfte des 20. Jahrhunderts

Die Ansichtskarten sind <u>das</u> Medium der ersten Hälfte des 20. Jahrhunderts. In einer Zeit, in der Bilder nicht so leicht massenhaft verbreitet und übermittelt werden konnten wie heute, schloss die Ansichtskarte eine bedeutende Lücke. Klein und billig eroberte sie sich im Nu die Herzen der Menschen auf aller Welt. Alles, was man sich nur vorstellen kann, wurde auf Ansichtskarten gedruckt: Sehenswürdigkeiten und Landschaften, schöne Frauen und dumme Witze, Anzüglichkeiten und Merkwürdigkeiten, berühmte Persönlichkeiten und niedliche Tierchen. Eine Sammelwut erfasste weite Teile der Bevölkerung, es wurde national und international im großen Maßstab getauscht. Die Produktion immer neuer Ansichtskarten stachelte die Sammelwut immer mehr an, und die Sammelleidenschaft führte zu einer immer größeren Produktion. Damit die Sammler, wie etwa bei Briefmarken, auch ganzen Serien nachjagen konnten, wurden von vielen Ansichtskarten nicht Einzelstücke, sondern Serien, meist mit sechs verschiedenen Motiven, aufgelegt. Daneben gab es auch Serien mit fünf, zehn oder zwölf verschiedenen Karten, und bei manchen Serien legte man anscheinend gar keine Begrenzung nach oben fest, sondern produzierte, solange die Nachfrage stimmte. In vielen Fällen scheinen auf den Karten weder Signaturen der Künstler noch Namen der Verleger auf, und oft ist nur den offiziellen Bezeichnungen auf der Rückseite zu entnehmen, ob es sich um eine Carte Postale aus Frankreich, eine Postkarte oder Correspondenzkarte aus Deutschland oder Österreich, eine Briefkaart aus den Niederlanden, eine Cartolina Postale aus Italien, eine Brefkort aus Schweden oder um eine Post Card aus dem anglikanischen Raum handelte. Bei letzteren hilft auch noch die Portoangabe in Pennies oder Cents, sie Großbritannien oder den USA zuzuordnen.

Auch die Kriege Japans fanden auf den Ansichtskarten ihren Niederschlag, und zwar nicht nur auf japanischen, sondern auch auf westlichen Ansichtskarten. Die westlichen Staaten waren an diesen Kriegen maßgeblich beteiligt, als direkte Kriegsgegner, als Bündnispartner der einen oder der anderen Seite oder auch nur als interessierte Beobachter. Im ersten Fall eignete sich die Ansichtskarte als ideales Propagandamittel: der Feind konnte lächerlich gemacht, verunglimpft werden, seine negativen Seiten konnten mit einfachen Mitteln für jedermann verständlich aufgezeigt werden. Dass sich die Produzenten dabei der übelsten Nationalitätenstereotype bedienten, versteht sich von selbst.

Vorgeplänkel und ein Grundthema: Kiautschou, Boxeraufstand und Gelbe Gefahr

Im vorliegenden Buch sind die Ansichtskarten den kurz aufgezählten Ereignissen mehr oder weniger chronologisch zugeordnet. Der erste Teil ist dem Boxeraufstand und dem Aufkommen der Idee von der „Gelben Gefahr“ gewidmet. Zu dieser Zeit war der diesbezügliche Ansichtskarten-Output noch beschränkt. Ein Großteil der Karten war außerdem China gewidmet, nur waren damals erst wenige Europäer in der Lage, zwischen China, Korea und Japan genauer zu unterscheiden, auch die Produzenten der Ansichtskarten nicht. Die wunderschöne sechsteilige Ansichtskartenserie *La Guerre Amusante* (Der amüsante Krieg) über den Boxeraufstand etwa zeigt das Geplänkel zwischen einem westlichen Offizier und einer Dame in japanischem Gewand mit japanischer Frisur, wobei nicht klar ist, ob es sich bei dieser Dame um das alliierte Japan oder um das angegriffene China handelt. Da auf der letzten Karte der Serie mit dem Titel *Paix* (Frieden), auf der die Dame mit fünf Offizieren verschiedener Nationen Champagner trinkt, einer der fünf ganz offensichtlich ein Japaner ist, hat der Künstler M. Raschka mit der attackierten Dame im japanischen Stil wohl China gemeint. Hinter dem Pseudonym Raschka versteckt sich übrigens der Jugendstil-Künstler Raphael Kirchner (1876 1917) aus Wien, der auch drei bekannte Ansichtskartenserien von den Operetten *Mikado*, *Geisha* und *Santoy* schuf und mit seinen erotischen Schöpfungen als der Vater der Pin-up-Ansichtskarte gilt. Die Vermischung von China und Japan ist auf den China gewidmeten deutschen Ansichtskarten, die mit der Aneignung Tsingtaos entstanden, genauso sichtbar. Um 1900 waren die japanischen Attribute so dominierend, dass zumindest Chinesinnen oft wie Japanerinnen dargestellt wurden.

Der Boxeraufstand war der unmittelbare Anlass für die Entstehung der Idee von der Gelben Gefahr, von einer Bedrohung der weißen Erdteile Europa und Nordamerika durch die „gelbe“ Rasse, durch die Mongolen, wobei natürlich die Tradition von den Eroberungen der Goldenen Horde des Dschingis Khan eine nicht unwesentliche Rolle spielte. Boxeraufstand, Japans Sieg über Russland und seine Eroberung der deutschen Gebiete in China und in der Südsee sowie die Erfolge der chinesischen und japanischen Einwanderer in den USA konnten von xenophoben Ideologen geschickt genutzt werden, die Angst vor einer Bedrohung durch die beiden ostasiatischen Völker zu schüren. Auf den Ansichtskarten vom Beginn des 20. Jahrhunderts wird diese Bedrohung verbildlicht: auf zwei holländischen Karten wird der chinesische Drache gezeigt, der den Stier Europa tötet, bzw. richtet sich die Faust des gelben Riesen gegen den kleinen Däumling, Kaiser Wilhelm II, der Kiautschou in einem Sack geschultert hat. Auf einer französischen Karte hat China (oder Ostasien) zwei Köpfe. In der breiten Hutkrempe des oberen sitzen die Vertreter der europäischen Mächte und können nicht sehen, dass sich darunter erst das „wahre Gesicht des Gelben“ verbirgt, ein echter Hydrakopf, aus dem die Köpfe weiterer Ungeheuer herauswachsen. Auf einer weiteren französischen Karte von T. Bianco strömen nicht enden wollende Massen von Gelben mit Feuerwaffen aus dem himmlischen Reich und bedrohen die Oberhäupter der europäischen Großmächte, die nebeneinander in ihren Betten liegen. Den Russisch-Japanischen Krieg interpretiert Bianco entsprechend als „Le Grand Duel Jaune et Blanc (Der große Kampf zwischen Gelb und Weiß)“ und zeichnet einen Ringkampf zwischen dem Tenno Mutsuhito (Meiji) im gelben Gewand mit einem spitzen Messer in der Hand und Zar Nikolaus II, der sinnigerweise als Eisbär dargestellt wird, dessen eines Bein die Mandschurei, das andere Korea bildet. Die europäischen Großmächte schauen interessiert, jedoch gleichzeitig lässig unbeteiligt zu.

David gegen Goliath: Der Russisch-Japanische Krieg

War die Zahl der politsatirischen Ansichtskarten beim Boxeraufstand noch überschaubar, so nimmt sie während des Russisch-Japanischen Krieges, um den es im zweiten Teil geht, ein riesengroßes Ausmaß an. Nun heißt es „Gelb gegen Weiß“, Weiß war ausnahmsweise nicht der Aggressor, sondern Gelb hatte sich erfrecht, Weiß anzugreifen. Ureigene europäische Interessen waren im Spiel: Frankreich fühlte sich als Bündnispartner Russlands angegriffen, und Großbritannien musste nun nach Abschluss eines Bündnisses mit Japan im Jahr 1902 zum ersten Mal zittern, in einen Krieg mit Russland hineingezogen zu werden. In diesen beiden Staaten erschien daher auch eine Vielzahl von Karten. Auf den französischen wurde Japan meist kritisiert und lächerlich gemacht, auf den britischen wurde es hingegen angespornt und gelobt.

Auch in den in diesem Krieg neutralen Staaten wie Deutschland, Österreich, Belgien oder Schweden wurden eifrig Karten produziert, wobei die Parteinahme meist dem humoristischen Kommentar wich. Der Hang zu billigen Nationalitätenstereotypen wurde voll ausgelebt, das kühne, winzige Japan, das sich erfrecht hatte, seinen riesigen Nachbarn Russland anzugreifen, bot Stoff für Dutzende komischer Darstellungen.

Den englischen Ansichtskarten ging es wohl nicht so sehr darum, Japan zu loben, als vielmehr Russland herunterzumachen. Russland wird auf vielen britischen Karten als großer, unbeholfener Bär gezeigt. Dieses „Tier" Russland wird von einem „Menschen" Japan gezähmt, es unterliegt nicht einem anderen Tier. Russland wird somit praktisch außerhalb der menschlichen Gesellschaft gestellt, die Russen bekommen einen tierischen Charakter. Nur auf einer Karte herrscht Gleichheit, sind sowohl Japan als auch Russland als Streithähne in einen Hahnenkampf verwickelt. Wenn die beiden Kontrahenten als Menschen gegeneinander kämpfen, ist Russland immer groß, dick und plump, Japan klein, schlank und beweglich. Den körperlichen Eigenschaften entsprechen die geistigen: Russland erscheint dümmlich, einfältig, langsam, Japan hingegen klug, listig, schnell. Der bekannteste Ansichtskartenkünstler, der auf dem hier vorgestellten Gebiet in Großbritannien aktiv war, ist Dudley Hardy (1867–1922), ein Maler und Grafiker, der vor allem durch seine Poster Berühmtheit erlangte. Neben Ansichtskarten vom Russisch-Japanischen Krieg schuf er auch andere lustige Ansichtskarten mit japanischen Motiven. Über weitere englische Ansichtskarten-Designer wie Sinclair, Ellam oder Shepheard konnte nichts ermittelt werden.

Die Ansichtskartenhersteller pflegten zu Beginn des 20. Jahrhunderts bereits einen regen Austausch. Von vielen Serien existieren sowohl britische als auch französische Versionen, von französischen und österreichischen wiederum russische usw. Nicht immer ist es leicht, eine Serie einem Land zuzuordnen. Es scheint, als ob quasi „neutrale" Serien aus Frankreich in England übernommen wurden, sehr Japan kritische hingegen nicht.

Frankreich gilt als Ursprungsland der Karikatur, dementsprechend zahlreich und engagiert sind auch die Karikaturen zum Russisch-Japanischen Krieg auf französischen Ansichtskarten. Ein französischer Karikaturist, der lange Jahre ein bohemienhaftes Leben in Japan verbracht hatte, und heute in Japan als einer der Väter der japanischen Karikatur gilt, George Bigot (1860 - 1927), schuf einige der besten und Japan-kritischsten Karikaturen. Bigot, der seinen Namen auch mit den Schriftzeichen 美好, Bikō, schrieb, liebte das fröhliche Japan des Volkes und hasste den strengen, intoleranten japanischen Polizei- und Militärstaat. Auf einer seiner Ansichtskarten, bereits vor dem Russisch-Japanischen Krieg erschienen, steht ein japanischer Soldat auf einer Weltkugel, die im Meer dahin treibt, auf dem „Empire d'Asie", dem erträumten japanischen Weltreich Asien. Von seinem Schwert tröpfelt Blut auf das neu geschaffene Reich und von dort weiter ins Meer, in dem unzählige Totenschädel dahin treiben, während hinter dem Soldaten die Sonne aufgeht. Bigots Karten wurden auch in Russland aufgelegt, interessanterweise ohne seine Signatur, wohl um als russische Karten zu gelten.

Auch andere Künstler bedienen sich des Bildes vom grausamen Japan. Der Tenno steht dabei bereits als Stellvertreter für die japanische Grausamkeit, genau wie 40 Jahre später auf amerikanischen Propagandakarten: auf einer Karte namens *Le Mikado, Empereur du Japon* (Der Mikado, Kaiser von Japan), von Ch. Laborde sehen wir einen zähnefletschenden Tenno mit Hinomaru-Schild und blutbeflecktem Schwert; auf einer *Le Mikado contemple son oeuvre: L'extermination de sa race* (Der Mikado betrachtet sein Werk: die Auslöschung seiner Rasse) benannten Karte steht der Tenno als Napoleon auf einen japanischen Papierschirm gestützt am Fuße des Hügels 203, um den erbittert gekämpft wurde, auf einem Haufen von Totenschädeln; Orens seinerseits zeigt auf der Karte *Mutsu-Hito – Le soleil levant* (Mutsu-Hito – die aufgehende Sonne) das Portrait des Tenno vor der aufgehenden Sonne, wobei seine Lippen blutbefleckt sind und auch das Meer voller Blut ist. Vom gleichen Künstler gibt es eine Karte *Sa Majesté Mutsu Hito, Empereur du Japan, Port Arthur 9 Février 1904* (Seine Majestät Mutsu Hito, Kaiser von Japan, Port Arthur am 9. Februar 1904), auf der der Tenno anstelle einer Zigarre ein Torpedo im Mund hat. Von B. Lavigne stammt die Karte *Comment on écrit l'histoire* (Wie man Geschichte schreibt). Auch darauf wird kritisiert, dass der Tenno, der vor begeisterten Untertanen eine Tafel mit der Aufschrift „Sieg“ in die Höhe hält, über Krüppel (und Leichen) geht, die hinter einem Stellschirm verborgen sind.

Während sich viele französische Ansichtskarten zu Beginn des Krieges über das kleine Japan lustig machen, das das große Russland angreift, werden die Karten mit Fortdauer des Krieges objektiver. Am besten findet das Ausdruck in einer Serie, die paarweise jeweils die japanische und die russische Haltung zeigt.

Die französischen Karten sind überwiegend intellektuell anspruchsvoll, mit Ausnahme eines Themas. Unter den japanischen Generälen gab es einen namens Oku, dessen Name, französisch ausgesprochen, die französischen Karikaturisten zu unzähligen derb-blöden Zeichnungen verleitete. So verbreitet waren diese Karten, dass auf einer Karte sogar zwanzig verschiedene Karten dieser Art wiedergegeben sind. Auf nicht wenigen dieser Karten, von welchen sicher mehrere Dutzend Arten erschienen, sind japanische Soldaten ohne Oberkörper, nur als „Ärsche“ gezeichnet. Diese Reduzierung auf das ‚wesentliche' Merkmal nicht durch den direkten Gegner, sondern durch Angehörige einer nicht in den Krieg verwickelten, nur verbündeten Nation könnte man sich gegen eine westliche Macht nur schwer vorstellen.

Sind die französischen Karten überwiegend intellektuell anspruchsvoll, so dominiert auf österreichischen Karten der pure Klamauk. Im besseren Falle wird Japan noch als Fliege dargestellt, die dem Russen auf der Nase herumkrabbelt, im schlechteren verzehrt der Japaner das, was man in Österreich „Russen“ nennt, also saure Heringe, und der Russe verzehrt „Ja Baner“, kaut also an Knochen. Auf einer schwedischen Serie, die mindestens aus sieben Karten besteht, sind die russischen Soldaten versoffen, verschlafen und dementsprechend unachtsam und nehmen nicht die aufsteigende Sonne, Japan, wahr. Auf der letzten Karte einer italienischen Serie gibt der Japaner dem Russen bei Port Arthur einen solchen Fußtritt, dass dieser ins Meer fällt, und auf einer deutschen Serie wird die Entwicklung in Ostasien als Eifersuchtsdrama zwischen den drei Herren China, Japan und Russland dargestellt, die allesamt um die Dame Korea, natürlich im japanischen Gewande, buhlen. Schließlich zeichnet ein Gestalter einer vermutlich belgischen Serie Japan als Gegenspieler von Väterchen Russland als Äffchen, über das er sich in verschiedenster Form lustig macht, bis auch der offensichtlich russophile Künstler darstellen muss, wie Russland bei Port Arthur im Meer versinkt.

Der gelbe Affe Japan: Der Kampf um Tsingtao

Die Verwendung der Affenmetapher für Japan scheint schon Ende des 19. Jahrhunderts um sich gegriffen zu haben, auf den deutschen Kriegspropagandakarten aus dem Ersten Weltkrieg ist sie allgegenwärtig. Nach dem Ausbruch des Ersten Weltkriegs in Europa sah Japan seine Chance gekommen, Deutschlands Besitzungen in China und in der Südsee zu übernehmen. Als es Deutschland ein Ultimatum zum Abzug aus Tsingtao überreichte und schließlich Tsingtao nach kurzem Kampf einnahm, war die Stimmung gegenüber Japan in Deutschland an einem Tiefpunkt angelangt. Interessanterweise ist die Tiermetapher Affe für Japan zu diesem Zeitpunkt bereits so verfestigt, dass Japan auf den Propagandaansichtskarten immer wieder als Affe gezeichnet wird. Während der Affe in Ostasien als kluges Tier gilt, ist die Benennung eines Menschen als „Affe“ in Europa eine Beleidigung. Die enormen Anstrengungen Japans, eine rasche Modernisierung und Verwestlichung zu erzielen, wie ihm ja von den westlichen Mächten vorgeschrieben worden war, wenn es eine Revision der „ungleichen Verträge“ erreichen wollte, führten zu einem für westliche Betrachter oft lächerlichen, nachahmerischen Verhalten der Japaner, das die wenig schmeichelhafte Bezeichnung „Affen Ostasiens“ provozierte. Auf den deutschen Ansichtskarten, auf welchen oft alle Kriegsgegner gemeinsam gezeichnet werden, viel seltener einzelne Gegner, werden Russland als Bär, Frankreich als Schwein, England als Bulldogge und Japan eben als Affe dargestellt, auf einer Karte sogar als „gemeiner gelber Schweinsaffe“. Eine Karte zeigt Japan gemeinsam mit England als „Schweinehund“. Wird es als Mensch gezeichnet, dann zumindest als „gelber Strauchdieb“. Besonders eindrucksvoll ist der aalglatte, listig verschlagene Japaner, der Hände reibend zu sich sagt: „Ich klau Kiautschau“. Das gelbe Gesicht und die gelben Hände lassen keinen Zweifel daran, um wen es sich handelt, noch dazu, wenn diese Figur zudem aussieht wie ein Affe, der in ein menschliches Gewand gesteckt wurde.

Aus der Sicht der Alliierten sieht die Welt anders aus. Am drastischsten ist der italienische Künstler Alberto Martini (1876 - 1954). Er hat in seiner langen Serie über die Schrecken des Ersten Weltkriegs, „Danza Macabra Europea (Der makabre europäische Tanz)“ eine Karte auch Japan gewidmet. *La Vittoria Gialla* oder *La Victoire Jaune* (Der Gelbe Sieg) zeigt eine Art gelben Sensenmann, geschmückt mit dem englischen Hosenbandorden mit der Aufschrift „*Honni soit qui mal y pense*“. In der rechten Hand hält er ein Schwert statt der Sense und in der linken eine Fahne mit der Aufschrift „Tsing-Tao“. Er steht solcherart triumphierend auf einem deutschen Soldaten, der nur noch röcheln kann „Ja, Ja“. Sein Schwert ist zerbrochen, einen Schuh hat er verloren, und aus seiner Brust rinnt Blut. Das Schreckgespenst der Gelben Gefahr ist Wirklichkeit geworden, Gelb hat Weiß besiegt, nun schon zum zweiten Male. Mehr auf billigen Humor aus ist eine andere italienische Karte, die einen gelben Mann zeigt, der einem ins Meer entfliehenden deutschen Soldaten mit Pickelhaube „*Ciao*“ nachruft. Ein wenig auffälliges „Kiao“ auf der Küste lässt uns die Karte eindeutig zuordnen. Auf einer weiteren italienischen Karte wird im oberen Teil gezeigt, wie Deutschland durch den Zweifrontenkrieg die beiden Hände gebunden sind, während sich im unteren Teil Japan und England eine Torte mit der Aufschrift Imperio Coloniale Tedesco (Deutsches Kolonialreich) teilen, und das Kind Portugal dabei nur zusehen darf und kein Stückchen erhält. Der Zeichner B. Viguy einer französischen Karte freut sich offensichtlich, dass die ehemaligen Kontrahenten Japan und Russland nun Freunde sind, wobei der kleine Japaner dem großen Russen Sprengstoff und Kanonen übergibt, damit sie dieser nach Berlin bringen möge. Darin schwingt wohl Kritik darüber mit, dass sich Japan weigerte, in den Krieg in Europa einzugreifen, nachdem es seine Ziele in Asien erreicht hatte.

Emil Dupuis hat den stolzen japanischen Kriegern, die Kiautschou eingenommen haben, zumindest zwei Karten gewidmet. Etwas eigenartig muten zwei ähnlich motivierte Karten von Xaver Sager an, der die Alliierten als Frauen porträtierte, aber ganz offensichtlich keine Japanerin zeichnen konnte oder wollte. Die japanische Soldatin ist lediglich an der Aufschrift Japon bzw. an der japanischen Flagge erkennbar, ansonsten entspricht sie völlig einem westlichen Pin-Up Girl. Auf vielen weiteren Karten aus dem Ersten Weltkrieg wird der Verbündete Japan als Japanerin mit einem Gewand aus japanischem Flaggenstoff oder zumindest mit einer sehr prominent hinzugefügten Nationalflagge gezeigt.

Kampf dem japanischen Imperialismus! Japan und die Sowjetunion

Für die junge Sowjetunion stellte Japan so etwas wie einen Erzfeind dar, denn zu auffällig war der japanische Wunsch gewesen, sich nach der Oktoberrevolution in Sibirien zu bereichern. Japan ist zudem während der Zwischenkriegsjahre auch einer der bedeutendsten kapitalistischen Staaten der Welt. Auf einer sowjetischen Karte um 1930 wird mit beflaggten Kriegsschiffen ausgedrückt, wer die Feinde der Sowjetunion sind: Japan, die USA und Großbritannien. Nach den tatsächlichen Angriffen Japans bei Changkufeng und Nomonhan in den Sommern 1938/9 erscheinen sowjetische Karikaturen, die sich über die japanischen Versuche, ins Sowjetreich einzudringen, lustig machen: die Japaner rennen mit dem Kopf gegen eine Wand namens SSSR. Sie werden von der verschlossenen Tür, die das Sowjetreich abschirmt, beim Versuch sich unten durchzuschieben, erdrückt. Sie fliehen und verlieren dabei ihr Gewand. Da Japan danach mit der Sowjetunion nach dem Muster Hitlers einen Nichtangriffspakt schließt, der erst am 8. August 1945, also eine Woche vor Kriegsende, von der Sowjetunion gebrochen wird, erscheinen auch keine weiteren Propagandakarten mehr.

We'll blow the Jap off the map! Der Pazifische Krieg

Nach dem japanischen Angriff auf den Stützpunkt der US-Pazifikflotte in Pearl Harbor auf Hawaii und der Eroberung der amerikanischen Kolonie der Philippinen begann Amerika einen systematischen Krieg gegen Japan, der erst mit der völligen Vernichtung Japans enden sollte. Die USA setzte in dieser Auseinandersetzung alle nur möglichen Mittel gegen Japan ein, und als propagandistisches Mittel entsprechend zahlreiche antijapanische Bildpostkarten.

In Japan wurden zwar ebenfalls zahlreiche patriotische Karten verlegt, aber nach dem Wissensstand des Autors keine solchen, die die USA verunglimpften. Auch in den anderen Krieg führenden Staaten scheint die Produktion von Kriegspropagandakarten während des Zweiten Weltkrieges gering oder gar nicht vorhanden gewesen zu sein. Im Freiheitsverlag in der Schweiz, ganz offensichtlich einem Nazi-Unternehmen, erschien eine Ansichtskarte unter dem portugiesischen Titel *Insolacao* (Sonnenstich), auf der die amerikanische Präsidentengattin Eleanor ihren Gatten auf die von der Sonne Japan ausgehende Gefahr hinweist. In Italien wurden mehrere Ansichtskarten zum Gedenken an den Dreipakt aufgelegt, deren eindrucksvollste einen japanischen Samurai in voller Rüstung wie den Koloss von Rhodos im Meer stehend zeigt. Mit seinem Bihänder schlägt er auf die feindlichen Kriegsschiffe ein, während im Hintergrund die Flaggen der drei Länder Deutschland, Italien und Japan im Winde wehen. In Deutschland scheint es keine

Japan-bezogenen Propagandakarten gegeben zu haben, obwohl von Ansichtskarten als Mittel der Propaganda reichlich Gebrauch gemacht wurde und Schriften über Japan Teil der Kriegspropaganda waren. Albrecht Fürst von Urachs Büchlein *Das Geheimnis japanischer Kraft* wurde im Zentralverlag der NSDAP von 1942 bis 1944 trotz damals herrschenden akuten Papiermangels 800.000 Mal gedruckt und des Dichters Wilhelm von Scholz' kurze Japan-Novelle *Die Pflicht*, in welcher den Deutschen Pflichterfüllung am Beispiel eines freiwilligen japanischen Selbstmordfliegers nahe gebracht wurde, erreichte die erstaunliche Auflage von 300.000 Exemplaren.

Zurück zu den USA: Deren Propagandakarten sind einfach, beinahe plump in ihrer Direktheit. Die Japaner sollen mit allen Mitteln besiegt werden, von Ritterlichkeit oder Achtung vor dem Gegner ist nichts mehr zu finden. Der blanke Hass dominiert. Natürlich wird wiederum auf das bewährte Rezept der Gelben Gefahr zurückgegriffen. Die meisten Ansichtskarten sind bunt, und die Japaner sind unverkennbar als hässliche Gelbe gezeichnet. Es gibt zwei Gruppen von Propagandakarten: solche, die gegen den Dreipakt gerichtet sind, obwohl dieser militärisch nie zusammenarbeitete, also eigentlich nur auf dem Papier bestand und nie in die Praxis umgesetzt wurde. Auf diesen Karten sind in der Regel Hitler, Mussolini und Hirohito als Vertreter ihrer Länder dargestellt. Anders verhält es sich bei den direkt gegen Japan gerichteten Karten, bei denen es meist gegen „den Japaner“ schlechthin geht. Dieser Japaner wird mit den widerlichsten Tieren verglichen, der Klapperschlange und dem Stinktier, es wird ihm wie einem Tier „das Fell abgezogen“, und er wird als Trophäe wie ein Eisbärenfell präpariert. Natürlich kommt auch die Metapher vom bösen Kind Japan vor, das sich dem Erwachsenen USA gegenüber ungebührlich benommen hat. Uncle Sam legt das böse gelbe Kind mit nacktem Popo über seine Knie und ermahnt es unter heftigen Schlägen „*Remember Pearl Harbor!* (Denk an Pearl Harbor!)“, während zwei amerikanische Soldaten das ungezogene Kind unter dem Motto „*Setting the ‚rising sun‘*“ gewaltsam auf den Topf setzen [1].

Analbezogene Motive gibt es auch andernorts: Eine amerikanische Hand betätigt eine Klosettspülung, um eine ganze japanische Flotte zu beseitigen, was sinnigerweise mit „*A royal flush for Hirohito* (Eine königliche Spülung für Hirohito)“ überschrieben ist; auf einer weiteren Karte ist das Toilettenpapier mit den Portraits von Hitler, Mussolini und Hirohito versehen, die „ausgewischt werden“ sollen, und eine dritte Karte verspricht: „*We're really going to set 'em on their axis!* (Wir werden die Achsen auf ihre Ärsche setzen!)“, ein Wortspiel, das sich aus dem ähnlichen Klang von *axis* (Achsenmächte) und *asses* (Ärsche) ergibt.

1 Das englische Wortspiel lässt sich kaum ins Deutsche übersetzen. Mit ‚*rising sun*‘ ist einerseits das emporstrebende Japan gemeint, das Land der aufgehenden Sonne, die aufgehende Sonne wird also zum Untergang gebracht, *sun* klingt aber auch beinahe gleich wie *son*, Sohn, und dieser Sohn wird eben auf den Topf gesetzt.

Kaum zu unterbieten ist eine Karte aus dem Jahr 1942, auf welcher den Japanern Spenden aus Hundescheisse versprochen werden.

Den Japanern wird angedroht, sie aufzuhängen, wenn sie es nicht schon sind, sie als Kanonenfutter zu verwenden, weil man sich dadurch Munition erspart, oder sie alle in den Fujiyama zu versenken. Am einfachsten und direktesten wird die amerikanische Botschaft auf einer Karte ausgedrückt, auf der es heißt: „*We'll blow the Jap off the map!* (Wir werden die Japaner von der Landkarte wegpusten!)" Der Japaner wird mit amerikanischen Geschützen in den Weltraum geschossen, die Welt ist endlich von der Gelben Gefahr befreit!

Anscheinend sollten besonders die Männer und Frauen in Uniform von diesen Karten angesprochen, motiviert und aufgeheitert werden, wie dem Umschlag zu einer Serie, bestehend aus sechs Karten mit dem Titel *Slam the axis post cards* (Haut die Achsen-Postkarten) zu entnehmen ist. „*Men and women in the services will appreciate receiving a set of these humorous cards* (Männer und Frauen im Armeedienst werden sich freuen, einen Satz dieser humorvollen Karten zu erhalten)", heißt es darauf. Die sechs Karten zeigen beispielsweise Hitler, Mussolini und Hirohito als Affen im Zoo, als Ratten, wie sie durch die Klosettmuschel hinuntergespült werden bzw. auf einer Karte mit dem Titel *Unconditional surrender* (Bedingungslose Kapitulation) aufgeknüpft am Baume hängen.

Über die Konstanz von Klischees

Ansichtskarten haben heute ihre einstige Faszination verloren. Visuelle Eindrücke über den Bildschirm dominieren unser Leben. Als die hier vorgestellten Ansichtskarten gedruckt wurden, beschäftigten sich die Menschen, trotz des zu dieser Zeit einsetzenden Siegeszugs des Films, noch weitgehend mit statischen Bildern. Ansichtskarten wurden gerne – zum Leidwesen der modernen Sammler – einfach mit Stecknadeln an die Wand geheftet oder in einzelnen besonderen Fällen sogar gerahmt und aufgehängt. Viele landeten in Sammelalben und konnten die Jahrzehnte solcherart relativ unbeschadet überstehen, so dass wir daraus heute beispielsweise eine Art Geschichte des Bildes von Japan im Westen, das sich während der vielen Kriege formte, die Japan zwischen 1900 und 1945 führte, rekonstruieren können. Ganz einfach ausgedrückt könnte man die Entwicklung dieses Bildes als von Amüsement zu blankem Hass führend kennzeichnen, und eine solche Entwicklung ist auch durchaus logisch. Sie entspricht dem Aufstieg Japans von einem unbedeutenden Inselstaat am abgelegenen Rande des asiatischen Kontinents zu einem ernstzunehmenden, bedrohlichen Konkurrenten der damals die Welt beherrschenden Staaten USA und Großbritannien. Ferner spiegelt sich darin die Entwicklung der Kriegsführung, die mit zunehmendem Einsatz von hochtechnischem Kriegsgerät immer „entmenschter", immer „unmenschlicher" wurde. Als

Japan 1904/5 gegen Russland und 1914 gegen Deutschland Krieg führte, bemühte es sich noch um eine ausgesprochen „ritterliche“ Kriegsführung, um die Welt von seiner Zivilisiertheit zu beeindrucken. Während des Zweiten Weltkriegs gab es diese Bemühung nicht mehr – es war ein Krieg ohne Mitleid, *a war without mercy*, wie ihn John Dower genannt hat.

Die hier vorgestellten Bilder führen uns auch die Konstanz von Klischees vor Augen: die Gelbe Gefahr, die kleinen Japaner, die verschlagenen, hinterlistigen Japaner, die Japaner mit ihrem undurchsichtigen Grinsen, die größenwahnsinnigen Japaner, Klischees, die fest in unsere Hirne eingegraben und zu jeder Zeit wieder rasch hervorgeholt werden können. In den USA, aber auch in Europa konnte man dies während der japanischen Wirtschaftserfolge in den siebziger und achtziger Jahren des 20. Jahrhunderts gut beobachten. Und selbstverständlich können die einst auf Japan angewandten Klischees bei Bedarf rasch gegen andere Staaten Ostasiens, etwa gegen China oder Nordkorea, mobilisiert werden.

Wegen dieser „Aktualität“ der hier vertretenden Bilder von Japan möchte der Autor hier abschließend der Hoffnung Ausdruck geben, dass dieses Büchlein zum Erkennen der geschilderten Entwicklungen und zum Aufdecken der Klischees in uns selbst einen kleinen Beitrag leisten möge.

Ausgewählte Literatur zum Thema

Carline, Richard: *Pictures in the Post: The Story of the Picture Postcard and its Place in the History of Popular Art*. London: Gordon Fraser Gallery Ltd. 1971.

Dower, John: *War Without Mercy. Race and Power in the Pacific War*. New York: Pantheon Books 1986.

Duval, William, und Valerie Monahan: *Collecting Postcards in Colour, 1894 – 1914*. Poole, England: Blandford Press 1978.

Inaba Chiharu und Sven Saaler (Hg.): *Der Russisch-Japanische Krieg 1904/05 im Spiegel deutscher Bilderbogen*. Tokyo: Deutsches Institut für Japanstudien 2005.

Ladstätter, Otto, und Sepp Linhart: *China und Japan. Die Kulturen Ostasiens*. Wien, Heidelberg: Ueberreuter 1983.

Lebeck, Robert: *Chronik des 20. Jahrhunderts. Eine Darstellung in Postkarten*. Mit einem Vorwort von Jürgen Kesting. Dortmund: Harenberg 1983 (Die bibliophilen Taschenbücher 393).

Linhart, Sepp, und Erich Pilz (Hg.): *Ostasien. Geschichte und Gesellschaft im 19. und 20. Jahrhundert*. Wien: Promedia 1999 (Reihe Weltregionen).

Mikhailova, Yulia: „Images of Enemy and Self: Russian ‚Popular Prints‘ of the Russo-Japanese War,“ *Acta Slavica Iaponica* 16 (1998), 30 – 53.

Mikhailova, Yulia: „Laughter in Russo-Japanese Relations: Comic Pictures of the Russo-Japanese War,“ *Asian Cultural Studies* 27 (2001), 59 – 76.

Monahan, Valerie: *Collecting Postcards in Colour, 1914 - 1930*. Poole, England: Blandford Press 1980.

Nishimura Morse, Anne, J. Thomas Rimer und Kendall H. Brown: *Art of the Japanese Postcard. The Leonard A. Lauder Collection at the Museum of Fine Arts, Boston*. Aldershot: Lund Humphries 2004.

Pantzer, Peter: „Japan im Spiegel westlicher Ansichtskarten“, Sepp Linhart (Hg.): *Japan: Sprache, Kultur, Gesellschaft*. Wien: Literas Universitätsverlag 1985, 157 – 188.

Die Postkarten

Hinweise zu den Beschreibungen

Sämtliche hier vorgestellten Ansichtskarten stammen aus der Sammlung des Autors. Bei der Beschreibung wurde folgende Reihenfolge eingehalten:
Titel (falls kein Titel vorhanden, wurde ein fiktiver Titel in Klammern [ ] gesetzt)
Serie
Erscheinungsland in Form von Abkürzungen, und zwar
A für Österreich-Ungarn
B für Belgien
CH für Schweiz
D für Deutschland
F für Frankreich
GB für Großbritannien
I für Italien
NL für Niederlande
R für Russland
S für Schweden
SU für Sowjetunion
US für USA
Verlag
Verlagsort
Erscheinungsdatum
Poststempel
Künstlersignatur
Karte in *Farbe* (F) oder in *Schwarzweiß* (SW)
Text auf der Karte
Beschreibung der Darstellung
Kommentar

Bei Daten in Fremdsprachen wurde versucht, nach dem Originaltext eine in Klammer gesetzte Übersetzung anzubieten. Wenn einzelne der hier angeführten Daten nicht auf den Karten aufscheinen, wurde das nicht gesondert vermerkt. Unsicherheiten wurden mit einem Fragezeichen (?) ausgedrückt.

Vorgeplänkel und ein Grundthema Kiautschou, Boxeraufstand und Gelbe Gefahr 1898 – 1900

1. *Gruss aus Kiao-Tschau.* D: Lith. Anst. Val Sachs, Darmstadt, 16.4.1898 (F). Bemerkenswert ist die überhebliche Haltung des Deutschen gegenüber den Chinesen, die von ihm als Sitzgelegenheit bzw. als Schreibpult benützt werden.
2. *Gruss aus Kiautschau.* D: 31.12.1898 (F). Der deutsche Seemann in Kiautschou genießt die Gunst der Chinesinnen, die Chinesen im Hintergrund sind empört.
3. *1. Wie Schulze nach China zog 2. und wie er aus China zurückkam.* D: W (F). Karte über den Boxeraufstand. Die deutschen Soldaten bestrafen die Chinesen und bringen als Kriegsbeute hübsche Chinesinnen in japanischem Gewande mit nach Hause.
4. *Der Sieger im Reich der Mitte.* D: A. Sala, Berlin SW (F). Karte über den Boxeraufstand. Die Beute-Chinesinnen sind eine Mischung aus Europäerinnen und Japanerinnen.

   La guerre amusante (Der vergnügliche Krieg). Sechsteilige Serie zum Boxeraufstand. M. Praschka (F). Hinter der Signatur Raschka verbirgt sich der bekannte Wiener Künstler Raphael Kirchner. Bei der Dame müsste es sich eigentlich um China handeln, tatsächlich sieht sie aus wie eine Japanerin!
5. *Spionage.* Blonder Soldat späht hinter einen Stellschirm, hinter dem sich eine Japanerin/Chinesin wäscht.
6. *Attaque* (Angriff). Westlicher Matrose salutiert auf einer Mole im Vorbeigehen einer Japanerin/Chinesin.
7. *Bombardement* (Bombardierung). Westler wirft Rose über eine Mauer auf eine davonlaufende Japanerin/Chinesin.
8. *Victoire* (Sieg). Westlicher Soldat küsst eine Japanerin/Chinesin auf einer Wiese.
9. *Capitulation* (Kapitulation). Japanerin/Chinesin öffnet westlichem Matrosen die Tür zu ihrem Haus.
10. *Paix* (Frieden). Fünf Soldaten in verschiedenen Uniformen, darunter ein Japaner, stoßen mit Japanerin/Chinesin mit Champagnergläsern an.
11. *De Chineesche draak tot den Stier Europa* (Der chinesische Drache gegen den Stier Europa). NL: AR (F). Der chinesische Drache und der Stier Europa auf einer Landkarte Chinas. „*Hoor'es, beestje, jij ziet er wel erg goedig uit, maar ik vertrouwje voor geen halve cent* (Hör zu, Bestie, jetzt schaust du ja wieder sehr gütig aus, aber ich vertraue dir überhaupt nicht)“.
12. *De „Ijzeren“ contra de „Gele vuist“; – Klein Duimje en de Reus* (Der „Eiserne“ gegen die „Gelbe Faust“ – Klein Däumling und der Riese). NL: AR (F). Großer Chinese richtet seine rechte Faust gegen einen winzigen Kaiser Wilhelm II, der einen Sack mit der Aufschrift Kiau-Tsjau umgehängt hat, und den er in seiner linken Faust hält.

13. [Die gelbe Hydra]. F: (SW). Die Schar der weißen Völker in einem Hut auf Europa (?) und davor die Gelbe Gefahr in Form einer Hydra.
14. *Japon* (Japan). F: P. L., Paris (SW). Japan wird als der bedrohliche Mongole, als die Gelbe Gefahr schlechthin gezeichnet.
15. *Le Péril Jaune: Réveil général* (Die Gelbe Gefahr: allgemeines Erwachen). Karte aus einer Serie über die Gelbe Gefahr. F. T. Bianco (F). Aus dem „Reich des Himmels" (*empire céleste*) strömen unzählige Gelbe zu einigen nebeneinander gestellten Betten, in welchen die Staatsoberhäupter der westlichen Staaten (Edward II, Wilhelm II etc.) gerade vom Schlaf erwachen. Wohl Anspielung auf den Boxeraufstand.
16. *Le grand duel jaune et blanc* (Das große Duell zwischen Gelb und Weiß). F: T. Bianco (F). Kaiser Meiji im Ringkampf mit dem russischen Bären, der sich Korea und die Mandschurei einverleibt hat, im Hintergrund die Oberhäupter der USA, Englands, Deutschlands und Frankreichs.
17. *Vers l'Extrême-Orient* (Auf in den Fernen Osten!). F: Collection M. Renard, M. Renard (F). Die Staatsoberhäupter Europas als Fledermäuse begleiten den Tod nach Ostasien. Symbolische Darstellung der Strafexpedition gegen China wegen des Boxeraufstandes.
18. *Europe – Asie – L'Avenir* (Europa – Asien – Die Zukunft). F: (F). Während links das Schiff ‚Europa' untergeht, verkörpern der chinesische Drache und die japanische Sonne die Zukunft.
19. *Chiens d'Occident montrent les dents* (Die westlichen Hunde zeigen ihre Zähne). Série 684. F: Raphael Tuck & Fils, Editeurs, Paris, M. H. Tyler (F).
20. *Le Gateau Chinois* (Der chinesische Kuchen). F: Édition Française (A. M. L.), Paris (SW). Der deutsche Kaiser Wilhelm II, der französische Präsident Loubet, der russische Zar Nikolaus II, der Mikado, der amerikanische Präsident Roosevelt und der englische König Edward VII versuchen sich vom ‚chinesischen Kuchen', bestehend aus China, der Mandschurei und Korea, ein möglichst großes Stück zu sichern.

David gegen Goliath
Der Russisch-Japanische Krieg
9.2.1904 – 5.9.1905

[Japanischer Jüngling ringt mit russischem Bären]. Sechsteilige Serie. GB: 1.7.1904, Sinclair (F).

21. 1: (Mr. Bear) „*Go away I don't want to wrestle I'm not in training*." (Herr Bär: „Geh' weg, ich möchte nicht ringen, ich bin nicht im Training.")
22. 5: (Mr. Bear) „*I don't like this sort of thing from such a youngster*." (Herr Bär: „Ich mag so etwas nicht, noch dazu von einem Jüngling wie dir!")

23. 6: (Jap) *„Your size and weight don't count in my style of wrestling.*“ (Japaner: „In meiner Art des Ringkampfes spielen deine Größe und dein Gewicht keine Rolle.“) *Jap the giant killer* (Der Riesentöter Japan). Sechsteilige Serie 762 über den Russisch-Japanischen Krieg. GB: Raphael Tuck & Sons „Oilette“, G. E. Shepheard (F). Diese Serie erschien zumindest auch in F (Serie 545, Rafael Tuck et fils, Paris), D und NL.
24. *Making him „sit-up“* (Ihn Männchen machen lassen). GB: 21.3.1905. Japanischer Matrose mit Peitsche als Tierbändiger mit russischem Tanzbär in Uniform, der Männchen macht.
25. *David et Goliath* (David und Goliath). F. Zwergenhafter Japaner bedroht riesenhaften Russen mit Bajonett.
26. *Een welverdiende rust* (Eine wohlverdiente Rast). NL. Japanischer Matrose sitzt auf Kanonenrohr, während im Hintergrund russische Schiffe versinken. Drei Karten einer mehrteiligen Serie 109. GB: F. C. M. & Co. (F).
27. 3. *Jap: „You are standing on my corn, Sir!“* (Japaner: „Sie stehen auf meinem Hühnerauge, mein Herr!“)
28. 4. *Russ: „Well, what if I am?“* (Russe: „Und was ist, wenn ich das tue?“)
29. 5. *Japan: „Oh, nothing, only I'm afraid you wont stop there long.“* (Japan: „Ach, gar nichts, ich glaube nur, dass Sie nicht lange dort bleiben werden!“). Der japanische Soldat befördert den russischen Soldaten mit einem Tritt weg.
30. *Making him dance* (Er lässt ihn tanzen). Serie 3015. GB: Davidson Bros., Dudley Hardy (F). Der russische Bär wird gezwungen, nach der japanischen Peitsche zu tanzen.
31. *Stuck* (Er sitzt fest). Serie 3015. GB: Davidson Bros., Dudley Hardy (F). Der russische Bär klettert auf einen Pfosten und kann nicht weiter, unten warten japanische Soldaten.
32. *Clipping his claws* (Seine Krallen werden beschnitten). Nr. 5 der C. C. Serie 314. GB: AR (F). Der russische Bär liegt auf dem Rücken am Boden, die vier Tatzen in die Höhe gestreckt, ein hemdsärmeliger japanischer Soldat steht mit dem linken Fuß auf ihm und hält in der rechten Hand eine große Schere, um ihm die Krallen zu schneiden.
33. *There's going to be some fun boys, old Japan is making the feathers fly* (Jetzt gibt es einmal Spaß, Burschen, das alte Japan sorgt dafür, dass die Federn fliegen!). Serie 149/2. GB: W. & A. K. Johnston Limited, Edinburgh & London (F). Der Russisch-Japanische Krieg als Hahnenkampf, bei dem u.a. Frankreich, China, die USA und Großbritannien interessiert zusehen.
34. *Clever little Jap* (Kluge kleine Japanerin). Serie 4235. GB: S. Hildesheimer & Co., Ltd., London & Manchester, Ellam (F). Japanerin vollführt einen Drahtseilakt, Russe schaut ihr zu.
35. *Jappy, „rushing“ him everywhere* (Jappy lenkt ihn überall hin, wo er will). Serie

4235. GB: S. Hildesheimer & Co., Ltd., London & Manchester, Ellam (F). Japaner im Kimono mit Landesflagge und Fächer auf den Schultern eines russischen Matrosen, den er nach Belieben herumkommandiert.

36. *Le Rêve* (Der Traum). Mehrteilige Serie Nr. 102. F: Z. T. N. Paris, 11.7.1904, G. Bigot (F). Japanischer Soldat steht auf Erdkugel auf dem Empire d'Asie (Asiatisches Reich). Die Erdkugel schwimmt im Meer, in dem zahlreiche Totenschädel dahintreiben. Vom Schwert des Soldaten tropft Blut auf die Weltkugel und weiter ins Meer. Im Hintergrund geht die Sonne, das Symbol Japans, auf.
37. [David und Goliath]. R: G. Bigot (F). Riesiger russischer Soldat beutelt winzigen japanischen Soldaten und reißt ihn aus seinen Großmachtsträumen.
38. [Unterwerfung Koreas]. R: G. Bigot (F). Japanischer Soldat marschiert entschlossen mit chinesischem Soldaten, den er an dessen Zopf führt, über einen am Boden liegenden Koreaner hinweg, während ein russischer Soldat aus der Ferne zusieht.
39. [Japan wird von England zum Angriff auf Russland gedrängt]. R: G. Bigot (F). Ein Engländer mit einem Tropenhelm schiebt einen japanischen Soldaten, der sein Schwert gezogen hat, zu einem russischen Soldaten, der verwundert aufblickt. Uncle Sam sieht, eine Pfeife rauchend, wohlwollend zu.
40. [Russland und Japan umwerben die Mandschurei]. Mehrteilige Serie, Nr. 104. F: Z. T. N. Paris, G. Bigot (F). Japanischer Soldat greift nach einer Frau, deren Gewand die Aufschrift „Mandschurei" trägt, während ein russischer Soldat beschützend den Arm um sie legt.
41. *Le Mikado. Empereur du Japon* (Der Mikado, Kaiser von Japan). F: (19)04, Ch. Laborde (F). Der Tenno Meiji in Uniform mit Schild mit Flaggenmuster und blutigem Schwert.
42. *Le Mikado contemple son oeuvre* (Der Mikado betrachtet sein Werk). Nr. 19 der Serie L'arc en ciel (Auflage 100 Stück). F: Mille (F). Hügel 203 mit Kanonen und japanischer Flagge, darunter unzählige Totenschädel, auf welchen der Tenno steht. Inschrift: „*L'extermination de sa race* (Die Ausrottung seiner Rasse)".
43. *Port-Arthur 9 Février 1904* (Port Arthur am 9. Februar 1904). F: März (19)04, Orens (SW). „*Sa majesté Mutsu Hito empereur du Japon* (Ihre Majestät Mutsu Hito, Kaiser von Japan)", mit Torpedo statt Zigarre im Mund. Am 9.2.1904 erfolgte der japanische Angriff auf Port Arthur.
44. *Mutsu-Hito – Le Soleil Levant* (Mutsuhito, die aufgehende Sonne). Nr. 2 der Serie Guerre R.J. F: F. J., Paris, Mai (19)05, Orens (F). Die Sonne geht über dem Meer in Form der japanischen Flagge auf, in ihrem Zentrum befindet sich ein Porträt von Kaiser Mutsuhito, das Meer ist blutrot gefärbt.
45. *Conflit Russo-Japonais* (Der russisch-japanische Konflikt). F: B. Lavigne (SW). „*Au bout du compte, c'est toujours la Corée qui écope* (Letzten Endes ist es immer Korea, das verliert)". Tenno Meiji und Zar Nikolaus II raufen miteinander und sitzen dabei auf Korea.

46. *Championnat international* (Internationale Meisterschaft). F: B. Lavigne (SW). Zar Nikolaus II, der Herkules des Nordens, ringt mit Tenno Meiji, dem Apachen von Japan, in der Arena namens Korea. Die westlichen Staatsoberhäupter schauen zu.
47. [Japans Angriff auf den Frieden]. F: B. Lavigne (SW). Tenno Meiji versucht mit seinem Kopf die Friedensstatue von ihrem Podest zu stoßen, aber Zar Nikolaus II hindert ihn daran, Europa stützt die Statue.
48. *Le pot de fer et le pot de terre* (Der Topf aus Eisen und der Topf aus Ton). F: C. L. C., H. Muller (F). Russischer Soldatenschädel und japanischer Soldatenschädel als Töpfe, die zusammenstoßen, wobei der japanische Topf aus Ton zerspringt.
49. *Coucher de soleil sur la mer jaune* (Sonnenuntergang am Gelben Meer). F: (F). Ein japanischer Matrose verschlingt mit seinem riesigen Mund die russische Flotte.
50. *L'ogre d'Orient* (Der östliche Menschenfresser). F: T. Bianco (F). Rotes Drachenungeheuer in der Form Japans „speit das Gelbe (auf Korea) aus, um das Weiße zu verschlingen (*Il rend le jaune pour avaler le blanc*)“.
51. *Le coup du Pert-Arthur* (Der Coup vom verlorenen Arthur). F: P. L. Paris, Left (F). Väterchen Russland sitzt auf seinen Geschützen, raucht ein Pfeifchen und trinkt Tee. Ein Japaner schleicht sich mit Dolch von hinten an. Uncle Sam und John Bull klatschen Beifall. Hinter den Schiffen im Hintergrund geht die Sonne auf.
52. *Football Asiatique* (Asiatischer Fußball). F: A. D., B. Lavigne (SW). Tenno Meiji mit gezogenem Säbel erhält von genageltem Stiefel einen so gewaltigen Tritt, dass er vom asiatischen Festland nach Japan zurückfliegt.
53. *Le genéral Oku assurant ses derrières avant la prise de Port-Arthur* (General Oku beim Absichern seiner Hintern/Hinterflanke vor der Einnahme von Port-Arthur). F: G. M Lyon, Sign. unleserlich (SW). Japanische Soldaten (Arschgesichter) marschieren auf Port Arthur zu.
54. *L'artillerie du Général Oku* (Die Artillerie des General Oku). F: (F). Japanische Soldaten essen Bohnen und ähnliches und furzen dann gegen Port Arthur.
55. *Guerre Russo-Japonaise: Le général. O quel Q* (Russisch-Japanischer Krieg: Der General. Ach, was für ein Arsch!). F: 1904, Kurof (SW). Japanischer Soldat hält ein großes O mit Zar Nikolaus II und ein großes Q mit General Kouropatkine (Kropotkin) in je einer Hand und hat den Schriftzug *Quel* auf seinem Körper, woraus sich das Rebus *O Quel Q* (= *Oh, quel cul*!) ergibt.
56. *A la mémoire du général Oku* (Im Gedenken an General Oku). F: (SW). „*Pour servir à l'histoire de la guerre Russo-Japonaise* (Um der Geschichte des Russisch-Japanischen Krieges zu dienen)“. In den drei Buchstaben Oku sind 19 Ansichtskarten dargestellt, die sich über den Namen Oku lustig machen.
57. *Un porc difficile à prendre* (Ein Schwein, das sich nur schwer fassen lässt). F: A. D., B. Lavigne (SW). Der Koch Japan mit einem Messer in der Hand, die er

hinter seinem Rücken verbirgt, sagt zum Wildschwein Arthur: „*Voyons, Arthur, laisse-toi faire* (Nun komm schon, Arthur, zier' dich nicht so!)".

58. *Edward VII: „Y'a pas à dire... nous dominons* (Edward VII: Nein, wirklich, kein Zweifel... wir dominieren!)". F: F. J., Januar (19)05, Orens (SW). Der Zigarre rauchende Edward VII und der Tenno Meiji in japanischer Soldatenuniform sitzen auf dem Kopf des weinenden russischen Zaren, der ein Bärenfell trägt, und wundern sich, dass sie im Krieg dominieren. Dahinter geht die Sonne auf, in ihrem Zentrum ein Totenkopf mit der Aufschrift: Port Arthur 2 Janvier 1905. Am 2.1.1905 mussten sich die Russen in Port Arthur nach fast elfmonatiger Belagerung den Japanern ergeben.
59. *Consolation* (Trost). F: A. D., B. Lavigne (SW). „*Mais, ma chérie, si je ne t'avais pas violée, c'est ce gros cochon-là qui l'aurait fait* (Aber, mein Liebling, wenn ich dich nicht vergewaltigt hätte, dann hätte es das dicke Schwein da drüben getan!)". Japanischer Soldat tröstet Koreanerin, die einen zerbrochenen Krug mit der Aufschrift „Neutralität Koreas" in ihrer Hand hält. Im Hintergrund schaut ein russischer Soldat zu.
60. *Comment on écrit l'histoire* (Wie man Geschichte schreibt). F: A. D., B. Lavigne (SW). Der Tenno Meiji zeigt begeisterten Japanern ein Plakat mit der Aufschrift „Victoire (Sieg)". Hinter ihm, versteckt hinter einem Stellschirm, liegen im Krieg schwer verwundete Soldaten.

    [Tenno Meijis Kampf gegen Zar Nikolaus II]. Sechsteilige Serie. F: F. J., Februar (19)05, Mille (F). Der Krieg als eine Auseinandersetzung zwischen Staatsoberhäuptern. Die nicht direkt involvierten Staatsoberhäupter sehen zu.
61. 2. *L'attaque* (Die Attacke).
62. 3. *La lutte* (Der Kampf).
63. *Prends garde au fouet, petit!* (Nimm dich vor der Peitsche in Acht, Kleiner!). F: C. L. C., H. Muller (F). Russe mit Peitsche steht auf Podest mit der Bezeichnung Mandschurei, darunter ein kleiner Japaner, der ihn mit einem Gewehr bedroht.
64. *Japo... niaiseries* (Japonaiseriechen). F: C. L. C., H. Muller (F). Japanischer Soldat auf unechtem Pferd, dahinter zwei weitere. „*C'est le sire de Fich-Tong-Kan qui s'en va t'en guerre!* (Das ist der König von Hau-ab, der in den Krieg zieht!)".
65. *Contre le Péril Jaune!* (Gegen die Gelbe Gefahr!). F: Februar (19)04, Rostro (SW). Admiral Alexeieff sitzt auf Truhe und hält in der Hand eine Schriftrolle mit der Aufschrift „*!Péril Jaune! Japon. Le vrai moyen pour qu'il ne vienne pas chez nous c'est de l'empecher de sortir de chez lui!* (Gelbe Gefahr! Japan. Das wahre Mittel, damit er nicht zu uns kommt, ist ihn daran zu hindern, sein Land zu verlassen!)".
66. *Le Péril Blanc* (Die weiße Gefahr). F: Februar (19)04, Rostro (SW). General Terauchi auf Japan stehend mit Fahne. „*Russie au Nord! France à l'Ouest. America à l'Est. Des Blancs pas trop n'en faut! Il serait temps de nous deféndre contre le*

Péril Blanc!!!! (Russland im Norden! Frankreich im Westen. Amerika im Osten. Wir brauchen nicht so viele Weiße! Es wird Zeit, dass wir uns gegen die weiße Gefahr verteidigen!!!!)“.

67. *Le Conflit Russo-Japonais* (Der russisch-japanische Konflikt). F: 1904, Godbert (SW). Russischer Generalskopf springt aus Schachtel, dahinter Marianne mit Geldbeuteln.
68. *Le Conflit Russo-Japonais* (Der russisch-japanische Konflikt). F: 1904, Godbert (SW). Japanischer Generalskopf springt aus Schachtel, dahinter Jude mit Beikeles und Schiffen und Waffen in der Hand. Die beiden Karten wollen zeigen, dass hinter den beiden Kontrahenten Frankreich und die USA als Geldgeber für Russland bzw. Japan stehen. Die zweite Karte hat einen deutlich antisemitischen Unterton.
69. *Le petit Japon nait* (Das kleine Japan wird geboren). F: B x F 1904, Graubert (F). Amerikanischer Jude rüstet Japan auf.
70. *Le pantin* (Der Hampelmann). Nr. 54 von 70 Exemplaren. F: Le Carillon, Laborde (F). Japan als Hampelmann des jüdisch-amerikanischen Großkapitals.
71. *Il ne faut pas vendre la peau de l'ours avant de l'avoir tué* (Man soll das Fell des Bären nicht verkaufen, ehe man ihn erlegt hat). La Trique No 10. F: Publication hebdomad d'après originaux de Trick. B.C.I., Paris, Trick (F). Der russische Bär liegt auf dem Boden, eine Japanerin mit Nationalflagge steht auf ihm.
72. *L'agonie Russe* (Die Agonie Russlands). Nr. 28 der Serie L'arc en ciel (2 trim). F: Juli (19)05, Mille (F). Russland liegt als weiße Frau mit Kreuz in den Händen auf dem Boden, eine Japanerin gibt ihr mit einem Speer den Todesstoß. Dahinter stürzt sich der Zar auf den Tenno und versucht ihn zu erwürgen.

    [Briefmarkenkrieg]. Mindestens sechsteilige Serie E.F.A. 502, GB, US, F: P. L. Paris, 22.3.1904, EMuller (F).
73. Japanischer und russischer Soldat kämpfen um koreanische Briefmarke.
74. Japanischer Soldat klettert auf Telegraphenmast und zerschneidet mit einer großen Schere die Leitung, japanische Briefmarke.
75. Russischer Soldat bedroht japanischen Soldaten mit Bajonett, japanische und russische Briefmarke.
76. Japanischer Soldat gibt russischem Soldaten einen Fußtritt in den Hintern, japanische und russische Briefmarke.

    Oeufs brouillés (Eierspeise). Serie mit mindestens fünf Karten. F: O. E. P., 8.8.1904, Robert Salles (F). Der Krieg zwischen Japan und Russland wird verniedlicht, in dem der Zeichner Kinder mit Eiern gegeneinander kämpfen lässt.
77. 1. *Face à face* (Von Angesicht zu Angesicht),
78. 3. *Feu à volonté!* (Feuert, soviel ihr wollt!)
79. 4. *Corps à corps* (Nahkampf).
80. 5. *Après la bataille* (Nach der Schlacht).

    [Kampf dreier Kavaliere um eine Dame]. Sechsteilige Serie. D: (F).

81. 2. China umarmt Korea, im Hintergrund Russland und Japan.
82. 3. Japan umgarnt Korea mit Blume, China weicht zurück, Russland im Hintergrund.
83. 5. Japan und Russland prügeln sich, China und Korea ziehen sich zurück.
Der Russisch-Japanische Krieg. Mehrteilige Serie. D, auch F: Bruno Bürger & Ottilie, Lith. Anst. Leipzig (F).
84. Der russische Bär mit einer französischen Kappe auf seinem Schwanzstummel greift nach Korea (Landkarte), eine Geisha, die Japan verkörpert, sagt ihm: „Gewiss' ein schöner Länderstrich, doch ohne Schwertstreich geht es nicht." Hinter Japan steht England mit einem Kriegsschiff auf dem Kopf und sagt: „Yessss... Allright!"
85. „Japan trägt ein sehr einnehmendes Wesen zur Schau". Japanischer Soldat steht im Gelben Meer und sammelt russische Waffen von Port Arthur in eine große Tasche.
86. „Trotz der schon erhalt'nen Wunden, thut man sich noch weiterschunden". Russischer Bär zieht verwundet ab, gestützt auf eine geharnischte Marianne. Japan, auf eine Krücke gestützt, zieht einen leeren Sack, den „japanischen Staatssäckel", hinter sich her. Hinter Japan England mit einem Kriegsschiff unter dem Arm.
[Das ungezogene Kind Japan]. Mindestens zehnteilige Serie. B: A.G.M (F).
87. Klein-Japan versucht Ball mit Aufschrift Port Arthur zu erreichen, wird aber von Mütterchen Russland zurückgehalten. England sieht zu.
88. Väterchen Russland schaut über Mauer und lässt Topf mit Aufschrift Port Arthur hinunter, den Japan zu erreichen versucht.
89. Väterchen Russland steht vor Kiste Port Arthur und beruhigt das kleine Japan.
90. Väterchen Russland versinkt bei Port Arthur ins Meer, Klein-Japan schwimmt davon.
[Die klägliche russische Armee]. S: Mindestens siebenteilige Serie, A. B. Oscar E. Kulls Grafiska Konst-Anst., Malmö (F).
91. Schlafender russischer Posten mit Gewehr, von hinten nähert sich japanischer Soldat mit gezücktem Säbel, während die Sonne aufgeht.
92. Wodka trinkender russischer Soldat sitzt in Vladivostok und sieht erschrocken, wie sich japanische Schiffe nähern.
93. Russischer Soldat ist ins Meer gefallen und hält sich an der koreanischen Halbinsel fest.
Russisch-Japanischer Krieg. Mindestens zehnteilige Serie verschiedener Künstler. A: B(rüder) K(ohn) W(ien) 1 (F).
94. (1)904, Fritz Schönpflug. Russischer Soldat mit Wodkaflasche in der rechten Hand hält langen Stecken mit darauf gesteckter japanischer Militärpuppe, die er dem Pferd vor Augen hält, um es anzuspornen.

95. [Fritz Schönpflug] Marionettenfiguren Russlands und Japans, im Hintergrund Großbritannien und Kriegsschiffe.
96. Ferenchich. *Der Japaner verzehrt Russen*, also eingesalzene Heringe. Japanischer Soldat hat einige Fässer mit Russen vor sich stehen und verzehrt gerade einen Russen.
97. Ferenchich. *Der Russe verzehrt „Ja-Baner“*. Russischer Soldat kaut an einem Knochen.
98. Kober (?). *„Verfluchte Fliege“*. Russischer Kapitän möchte sich die Fliege „Japan“ von der Nase holen.
99. Ludwig Koch. Russischer und japanischer Soldat. Der Witz der Karte ergibt sich daraus, dass man sie horizontal oder vertikal betrachten kann, und jeweils ein anderer Soldat auf dem Boden liegt.
100. *Le messager de paix* (Der Friedensbotschafter). F: Marmonier (F). Der japanische Tiger und der russische Bär liefern sich in einer Arena vor den gekrönten Häuptern Europas einen blutigen Kampf, als vom Himmel die Friedenstaube Roosevelt mit einem Ölzweig herunterschwebt.
101. *Roosevelt: Assez! Enough! Genug!* F: T. Bianco (F). Der amerikanische Präsident Roosevelt mischt sich in den Kampf zwischen Kaiser Meiji und Zar Nikolaus II ein. Dieser trägt ein Holzbein mit der Aufschrift Port Arthur, eine Armbinde mit der Aufschrift Moukden und eine Kopfbinde mit der Aufschrift Tsoushima. Im Hintergrund unzählige Totenschädel mit der Jahreszahl 1905.
102. *L'arbitre de la paix* (Der Verhandler des Friedens). F: B. C. I., Paris, Nemo (SW). Präsident Roosevelt hat den Zaren und den Tenno als Marionetten am Faden.
103. *Fin d'une Tragédie – Roosevelt: Enfin!* (Ende einer Tragödie – Roosevelt: „Endlich!“) F: T. Bianco (F). Tenno Meiji und Zar Nikolaus II tanzen miteinander, drei westliche Staatsoberhäupter sehen zu.
104. [Friedensvertrag als Valentinsgeschenk] US: Adolphe Selige Pub. Co., St. Louis (F). Japanischer Soldat sitzt mit Vertragsentwurf an einem Tisch, daneben steht ein russischer Soldat. *„I'm willing to sign a treaty / of love and peace for a year / If you agree, and your heart is free / I'll be your Valentine – dear* (Ich bin bereit, einen Vertrag der Liebe und des Friedens für ein Jahr zu unterzeichnen. Wenn du zustimmst und dein Herz frei ist, werde ich dein Valentinsgeschenk, Lieber)“.
105. *La Paix: „Et à nous, qui nous remboursera?!..“* (Der Frieden: „Und uns, wer wird uns alles zurückgeben?!“). F: (F). Russisches und japanisches Skelett, erkennbar an den Mützen.

Der gelbe Affe Japan
Der Kampf um Tsingtao
23.8.1914 – 7.11.1914

106. *Japanisches Ultimatum. Deutschlands Antwort.* D: Adam Harth, Mainz (SW). Deutscher Soldat versetzt japanischem Soldaten einen Fußtritt.
107. *Das japanische Ultimatum.* D: Kriegskarte der Lustigen Blätter (Dr. Eysler & Co) Nr. 15, Berlin SW 68 (F). „Gib her dein Papier… Den unangenehmen Eindruck werden wir gleich verwischen!".
108. *Der Weltkrieg. Achte Kriegserklärung.* AFB 25. D: Albert Fink, Berlin W8, HMr (SW). Deutscher Michel hält eine „Sammelmappe für Kriegserklärungen" in der Hand, kleiner Japaner gibt als achter eine Kriegserklärung ab. Deutscher Kommentar: „Der Letzte, aber der Frechste!".
109. *Ich sei, gewährt mir die Schande, der Achte in Eurer Bande!* AFB 26. D: Albert Fink, Berlin W8 (SW). Japanischer Soldat gesellt sich an einen Tisch mit England, Frankreich, Russland, Montenegro, Serbien, Belgien und Monaco.
110. *Japans Ultimatum an Deutschland.* Der Weltkrieg 1914, Nr. 18. D: Albert Ebner, München, E. v. Baumgarten (F). John Bull hebt einen kleinen japanischen Affen in Uniform, der ein Ultimatum in der Hand hält, zu einem deutschen Soldaten empor, der sagt: „Ich habe jetzt keine Zeit für dich, erst muss ich die rote Hose und den russischen Pelz ausklopfen."
111. *Der gemeine gelbe Schweinsaffe.* D: Wm. Baron, Berlin-Ch. 2, Leonard (SW). „Heimat: Japan. Eigenschaften: Diebisch und undankbar". Uniformierter japanischer Affe, an der Kette von John Bull und angetrieben von diesem, streckt seinen Arm nach einem Kaktus mit der Bezeichnung Kiautschau aus.
112. *Ich klau' Kiautschau.* Feld-Postkarte, Serie Nr. 8. D: (F). Aalglatter, schlüpfriger Japaner mit Stresemann und Lackschuhen reibt sich, ob seines guten Einfalls, die Hände.
113. *Schuft No. 7.* Kriegskarte der Lustigen Blätter Nr. 9. D: Dr. Eysler & Co, Berlin SW 68, (Walter) Trier (F, SW). Uniformierter Gelber mit japanischer Flagge und gefährlichen Krallen streckt diese von Japan aus nach Kiautschou aus.
114. *Ein sauberes Bündnis.* D: (SW). Hund mit auf den Schwanz gebundener japanischer Flagge steht auf britischer Bulldogge und versucht, eine auf einem Kasten stehende Wurst mit der Bezeichnung Kiautschau zu erreichen.
115. *Der Engländer und sein Japaner.* Kriegspostkarte des Simplicissimus Nr. 3. D: Simplicissimus-Verlag, München, Th. Th. Heine (F). Engländer schickt japanischen Affen mit den Worten „Jetzt klettre du mal auf die deutsche Eiche und versuche, ob du ihm nicht eine Feder aus dem Schwanz ziehen kannst!" auf eine Eiche, in der der deutsche Adler thront und von der drei Leichen hängen.
116. *Jeder Klapps ein Japs.* D: Buchdruckerei A. Braunschmidt, Coburg (F).

117. *Deutsche Prügelsuppe.* D: A. Lynen's Verlag, Hannover (SW). Selbst der kleine Japs eilt um den halben Erdball, um sich deutsche Prügelsuppe zu holen.
118. [Deutschland besiegt die Alliierten]. D: (SW). „Jeder derb – ein Serb, jeder Schuss – ein Russ, jeder Stoss – ein Franzos, jeder Tritt – ein Britt, jeder Klaps – ein Japs“.
119. [Deutscher Löwenmut]. D: Alfred Lebenheim, vorm. O.T., Berlin (SW). „Der rohen Bestien Chor / bricht geifernd wild hervor / O Deutschland, triff sie gut! / Dir wuchs ja Löwenmut!“ Deutschlands Feinde werden als „Bestien“ dargestellt, Japan als Affe.
120. [Germanias Kampf gegen die Bestien]. D: (SW). „Wer in dem Krieg will Unglück han, der fang ihn mit den Deutschen an!“ Germania kämpft mit Schild und Schwert gegen das Schwein Frankreich, die Hunde England und Belgien, den Bären Russland und den Affen Japan.
121. *2 gegen 7. Hurra! wir wer'n das Ding schon schieben.* D: (SW). Deutschland und Österreich im Kampf gegen sieben Länder. Deutschland spukt auf das davonlaufende Japan.
122. *Deutschland über alles.* D: (F). Selbstgemalte Ansichtskarte. Deutscher Adler hält japanische Flagge in seinen Krallen.
123. *Les femmes alliées soldats: Japon.* (Die alliierten Soldatinnen: Japan). Série no. 58. F: A. Noyer, Paris, Xaver Sager (F). Idealisierte japanische Soldatin, die für die „Freiheit der Welt“ (Pour la liberté du monde) kämpft.
124. *Les hymnes nationaux.* (Die Nationalhymnen) Série no. 59. F: A. Noyer, Paris, Xaver Sager (F). Idealisierte japanische Soldatin mit Flagge und Beginn der Nationalhymne *Kimi ga yo.*
125. *Infanterie Japonaise* (Japanische Infanterie). No. 1. F: Visé, Paris, Em. Dupuis (F). Idealisierter japanischer Soldat bei Kia Tscheou 1914.
126. *Les soldats du droit / Soldiers of justice and right* (Soldaten der Gerechtigkeit). No. 521. F: Visé, Paris, J. Em. Dupuis (F). Idealisierter japanischer Soldat mit Nationalflagge. Inschrift „Japon“ und „Kiao Tschéou“. Zitat von General Nogi: *„La victoire est au parti qui tiendra un quart d'heure de plus que l'adversaire“ / „The victory will be to that party, which stands a quarter of an hour longer than his adversary* (Der Sieg wird an die Partei gehen, die eine Viertelstunde länger ausharrt als ihr Widersacher)“.
127. *Le Japonais / The Japanese* (Der Japaner). Editions „Aux Alliés“ No. 16. F: Visé, Paris, Helio. L. Géligné (F). Japanisches Kücken schlüpft aus einem Ei, unter dem der besiegte deutsche Adler mit Pickelhaube liegt.
128. *Pour une fois, sais-tu, que c'est seulement par eau que l'on va en Angleterre.* (Jetzt wisst ihr es wohl ein für alle Mal, nach England kommt man nur übers Wasser!). F: L. C. H., Paris (F). Japanischer Soldat verhöhnt deutsche Soldaten nach der Einnahme von Tsingtao.

129. *Kiao Ciao*. I: AT (F). Gelber Mann winkt deutschem Soldaten mit Pickelhaube, der ins Meer stürzt, nach „Ciao!“.
130. *Notre ami Jap s'en met aussi* (Jetzt macht unser Freund Japan auch mit). F: August 1914, M. Radegnet (SW). Japanischer Soldat rupft den deutschen Adler.
131. *Entente cordiale* (Das herzliche Bündnis). F: Faub. Poissoniere, Paris, 2.2.1915, Lebègue (F). „*Les français ont toujours aimé le japon* (Die Franzosen haben Japan immer schon geliebt)“. Während Frankreich im Russisch-Japanischen Krieg gegen Japan, das von England unterstützt wurde, Partei ergriff, sind im Ersten Weltkrieg alle drei Nationen vereint gegen Deutschland.
132. *Jap's great brother* (Japans großer Bruder). F: Jean Bernard, Nimes (F). Jap: „*Tiens, vieux! tu me renverras ca de Berlin!* (Da, Alter! Du kannst mir das dann ja aus Berlin zurückschicken)“. Japaner überreicht Russen Waffen, damit dieser damit Berlin einnehme.
133. *Il nuovo incubo di Guglielmone* (Der neue Albtraum Wilhelms). I: (SW). „*Due milioni e mezzo di Giapponesi!!!* (Zweieinhalb Millionen Japaner!!!)“. Kaiser Wilhelm II liegt im Bett und wird von zahlreichen japanischen Soldaten mit dem Bajonett bedroht.
134. *La fine di un sogno / La fin d'un rêve* (Das Ende eines Traumes). I: (F). Weil Deutschland gezwungen ist, an zwei Fronten zu kämpfen, an der Westfront und an der Ostfront, teilen sich Japan, England und Portugal voll Freude das deutsche Kolonialreich auf.
135. *Comment on le traite! A la Japonaise. Un peu de jiujitsu* (Wie man ihn behandelt! A la Japonaise. Ein bisschen Jiu-jitsu). Série humoristique de la guerre 1914. F: A. P. Jarry (SW).
136. *La vittoria gialla / La victoire jaune* (Der gelbe Sieg). I: Alberto Martini (F). Karte aus einer großen Ansichtskartenserie über den Ersten Weltkrieg. Gelbes Skelett triumphiert über deutschen Soldaten mit Stahlpickelhaube. Der Sieg Japans über Deutschland wird als epochemachendes Ereignis interpretiert, als endgültiger Triumph der Gelben Gefahr.

Kampf dem japanischen Imperialismus! Japan und die Sowjetunion 1938 – 1939

137. [Japanischer Soldat reitet durch Sibirien]. Liedl Karoly 1920 (F). Karikatur über den japanischen Sibirienfeldzug 1918 - 1922.
138. [Sowjetsoldat vertreibt Imperialisten]. SU: Moskau, 1930 (F). Im Hintergrund Kriegsschiffe der feindlichen kapitalistischen Länder Japan, USA und Großbritannien.

139. [Der unheimliche Schatten]. SU: Moskau, 1939 (F). Kleiner Japaner flieht vor dem Schatten eines mächtigen sowjetischen Soldaten.
140. [Die verhinderten Eindringlinge]. SU: Moskau, 1939 (F). Zwei Japaner versuchen unter einem versperrten Eisentor durchzukriechen und werden von sowjetischen Bajonetten empfangen.
141. [Der abgeschmetterte Angriff]. SU: Moskau, 1939 (F). Japanische Soldaten rennen mit dem Kopf gegen einen sowjetischen Grenzpfahl und zerfallen in ihre Teile.
142. [Der imperialistische General rennt um sein Leben]. SU: Moskau, 1939 (F). Stolzer, reich dekorierter japanischer Soldat läuft mit gezogenem Schwert durch die Wüste, im unteren Teil hat er alle seine schönen Dekorationen verloren, liegt nackt im Wüstensand und haucht sein Leben aus.
143. [Japanischer Feldzug gegen Sowjetrussland in vier Bildern]. SU: Moskau, 1939 (F). Japanischer General führt seine Truppen stolz den Hügel hinan (1), hält oben angekommen Ausschau (2), sowjetisches Fluggeschwader taucht auf (3), japanische Truppen liegen zerstört am Boden (4).

We'll blow the Jap off the map! Der Pazifische Krieg 7.12.1941 – 15.8.1945

144. [Der Dreipakt besiegt den britischen Löwen]. I: A. Bertiglia (F). Drei Kinder in Uniform mit den Hoheitszeichen von Japan, Italien und Deutschland haben ein viertes, England, besiegt und zähmen nun den britischen Löwen.
145. [Der Dreipakt stürzt Großbritannien ins Meer]. I: A. Bertiglia (F). Drei Kinder in Uniform mit den Flaggen von Italien, Deutschland und Japan stoßen ein viertes, Großbritannien, ins Meer, Russland und USA sehen ratlos zu.
146. [Dreipakt als Samurai]. I: (F). Riesiger japanischer Samurai schwingt Bihänder, im Hintergrund die Fahnen Deutschlands, Japans und Italiens.
147. [Untergang Großbritanniens und der USA]. C/2263, 1941, T. Matejka (SW). Deutsche Soldaten beherrschen Europa, Großbritannien brennt, die USA werden von Japan ins Meer getrieben.
148. *Insolacao* (Sonnenstich). CH: (SW). Eleanor und Franklin Roosevelt beobachten die aufgehende Sonne Japan. Eleanor: „*Ai Franklin, como e'que te foste por ao sol sem proteccao alguma!* (Ach Franklin, warum hast du dich nur so ganz ohne Schutz in diese Sonne gewagt?)“.
149. *The Yanks are coming* (Die Yankees kommen). Karte der zehnteiligen Serie P Army Comics, Nr. 49. US: A Colour Picture Publication, Cambridge, Mass., 17.5.1943 (F). Japaner sitzt auf Zahnarztsessel, vor ihm steht ein amerikanischer Soldat mit Zahnzange und sagt: „*Watch the little yellowman yell-o!* (Jetzt schaut wie der kleine Gelbe O schreien wird!)“.

150. *Boy! Will we land them Japs on their axis!* (Mensch, wie werden wir die Japse auf ihre Ärsche setzen). Karte JC1 der zehnteiligen Serie Jap Comics, Nr. 73938. US: Tichnor Bros. Inc., Boston, 1942 (F). Riesige amerikanische Faust streckt japanischen Soldaten nieder. Wortspiel *axis* (Achsenmächte) und *asses* (Ärsche).
151. *Hurrah, a letter. Now watch me slap those Japs* (Hurra, ein Brief. Nun schaut mir zu, wie ich die Japsen verprügeln werde!). Mehrteilige Serie Nr. USA-47. US: C. T. Army Comics, C. T. Art Colortone, Chicago, Curt Teich (F).
152. *Life in the marines is tough – but I'm making a good stab at it!* (Das Leben in der Marine ist hart, aber ich mach das Beste daraus!). Karte 3 der zehnteiligen Serie Marine Comics, Nr. 74326. US: Tichnor Bros. Inc., Boston, 1943 (F).
153. *Out on a limb, eh?* (Du bist in einer gefährlichen Lage, was?). Karte JC2 der zehnteiligen Serie Jap Comics, Nr. 73939. US: Tichnor Bros Inc., Boston, 1942 (F). Gelber japanischer Affe hängt mit Schwanz an einem Zweig und ruft „Hilfe, Adolf!" Amerikanischer Soldat prophezeit ihm: „*That's where you'll all be hangin' soon* (Da werdet ihr bald alle hängen!)".
154. *Those Japs will soon be slap-happy!* (Diese Japsen werden bald glücklich geschlagen sein!). Karte JC3 der zehnteiligen Serie Jap Comics, Nr. 73940. US: Tichnor Bros. Inc., Boston, 1942 (F). Uncle Sam schlägt mit riesiger Rechter auf gelben Japaner ein, der nur noch Sterne sieht.
155. *Greetings from U. S. to U* (Grüße von uns (von den U. S.) an euch). Karte JC5 der zehnteiligen Serie Jap Comics, Nr. 73942. US: Tichnor Bros. Inc., Boston, 1942 (F). Die „Grüße" sind Bomben aus einem amerikanischen Flugzeug auf entsetzt flüchtende Japaner.
156. *We are giving these yellow bellied Japs what's comin' them – and how!* (Wir geben diesen gelbbäuchigen Japsen, was ihnen gebührt – und wie!). Karte JC7 der zehnteiligen Serie Jap Comics, Nr. 73944. US: Tichnor Bros. Inc., Boston, 1942 (F). Zwei amerikanische Soldaten üben den Bajonettnahkampf an einem gelben Sandsack mit der Aufschrift Hirohito.
157. *Putting the heel in the right place!* (Wir setzen unsere Ferse auf den richtigen Fleck!). Karte JC8 der zehnteiligen Serie Jap Comics, Nr. 73945. US: Tichnor Bros. Inc., Boston, 1942 (F). Amerikanischer Soldat steigt auf dem Boden liegenden gelben Japaner mitten ins Gesicht.
158. *Two of a kind!* (Zwei derselben Art!). Karte JC10 der zehnteiligen Serie Jap Comics, Nr. 73947. US: Tichnor Bros. Inc., Boston, 1942 (F). Stinktier und Stinktier mit japanischem Kopf stehen sich gegenüber.
159. *We'll blow the Jap off the map!* (Wir werden den Japs von der Landkarte schießen! / zusammenschlagen!). Karte JC9 der zehnteiligen Serie Jap Comics, Nr. 73946. US: Tichnor Bros. Inc., Boston, 1942 (F).
160. „*Slap the Jap off the map*" (Schlag den Japs zusammen). US: (F). Boxkampf

zwischen Japan und Uncle Sam. Churchill, Stalin, Hitler und Mussolini sehen mit entsprechenden Kommentaren zu.

161. *You tellum, soldier boy!* (Du wirst es ihnen zeigen, Soldatenjunge!). Karte 211 aus der zehnteiligen Morale Builders Series. US: A Colourpicture Publication, Cambrige, Mass. (F)

162. *Go to it, soldier boy!* (Los und drauf, Soldatenjunge!). Karte 212 aus der zehnteiligen Morale Builder Series. US: A Colourpicture Publication, Cambridge, Mass. (F). *„Everyone here is itchin' to do this kind of target practice, too* (Jeder hier brennt schon darauf, das gleiche Zielschießen üben zu können)“. Frau wirft Nudelholz auf japanisches Gesicht mit gefletschten Zähnen.

163. *Weather report: Hot in lower regions following heavy reign!* (Wettervorhersage: Heiß in den Niederungen und danach schwere Regengüsse/Herrschaft!). Karte Nr. C 134 einer mehrteiligen Serie. US: E. C. Kropp, Milwaukee, Wis., 26.5.1942, C. Paris (F).

164. *Keep 'em flying!* (Schau, dass sie nicht auf den Boden kommen!) Karte Nr. C 139 einer mehrteiligen Serie. US: E. C. Kropp, Milwaukee, Wis., C. Paris (F). Uncle Sam lässt drei gelbe Japaner mit Fußtritten durch die Luft sausen.

165. *Waiting for th' Japanee sandman!* (Warten auf das japanische Sandmännchen!). US: Mundo (F). *The Japanese Sandman* war ein beliebter Schlager zu Beginn der 1920er Jahre. Der Wachtposten wartet während der Nacht auf angreifende Japaner.

166. *But sir! It saves ammunition* – (Aber Herr Feldwebel, das spart Munition!) Serie C. T. Army Comics Nr. USA-41. US: C. T. Colotone, Chicago, Curt Teich (F).

167. *Hunting license* (Jagderlaubnis). Axis Series Nr. 74. US: Graphic Postcard & Co, New York (SW). *„Open season on for Jap-Snakes. Will be recognized by that hissing S-S-S noise that sounds like ‚So sorry please‘. Warning – Do not turn your back as this animal is noted for Back Stabbing! Signed – Viper Exterminating Society* (Die Jagdsaison für Japs-Schlangen ist eröffnet. Man erkennt sie an dem Geräusch S-S-S, das klingt wie ‚Es tut mir so leid‘: Warnung – Wenden Sie diesem Tier niemals den Rücken zu, denn es ist bekannt dafür, dass es seine Feinde von hinten überfällt. Gezeichnet: Vipern Ausrottungs Gesellschaft)“.

168. *Jap War-Lords* (Die Japsen Kriegsherren). Nr. 10 einer mehrteiligen Serie. US: Zipper Novelty & Joke Shop, Los Angeles, Calif, H. Wachtman, Photo von Chas. Heath (SW). *„Donations for Japs. So sorry please!!* (Spenden für Japse. Tut mit leid, aber … !)“. Die Japse bekommen nur Hundescheisse.

169. *Made in Japan* (Hergestellt in Japan). US: Babcock & Borough, Albuquerque, N. M. (F). *„Caught in the Pacific. Tanned in the U.S.A. Here hangs the pelt of a Jap / who mistook a Yank for a sap / he never deserved to be preserved / so we just kept his hide and his cap* (Gefangen im Pazifik, gegerbt in den USA. Hier hängt der Pelz eines Japs / der einen Yankee für einen Dummkopf hielt / er

hätte es nie verdient bewahrt zu werden / und daher behielten wir nur seine Haut und seine Kappe)“. Viele amerikanische Soldaten brachten aus dem Pazifischen Krieg Trophäen nach Hause mit: Zähne, Knochen und sogar Skalps von getöteten Japanern.

170. *Setting the rising „sun“!* (Die aufsteigende „Sonne“ setzen!). Nr. C 133 einer mehrteiligen Serie. US: E. C. Kropp, Milwaukee, Wis., C. Paris (F). Zwei amerikanische Soldaten halten das gelbe Büblein Japan auf dem Topf fest.
171. *Remember Pearl Harbor!* (Vergiss mir Pearl Harbor nicht!). Nr. C 135 einer mehrteiligen Serie. US: E. C. Kropp, Milwaukee, Wis., C. Paris (F). Uncle Sam schlägt auf den nackten Popo des gelben Knäblein Japan ein, der schon knallrot ist.
172. *Blackout of the Rising Sun* (Verdunkelung für die aufgehende Sonne). Nr. AV210. US: Color Litho Postcards, MWM, Aurora, Mo., 11.10.1943 (F).
173. *The bird for the job!* (Der richtige Vogel für diese Aufgabe!). Karte JC 4 der zehnteiligen Serie Jap Comics, Nr. 73941. US: Tichnor Bros. Inc., Boston, 1942 (F). Der amerikanische Adler versenkt Japaner im Fujiyama.
174. *Slam the axis postcards* (Zerschlagt die Achsenmächte-Ansichtskarten). Kuvert mit sechs Ansichtskarten. US: D. Robbins & Co., N.Y.C., 1943 (SW). „*A laugh in every card! 6 different subjects. Clever original designs. Ready for mailing. Men and women in the services will appreciate receiving a set of these humorous cards* (Jede Karte zum Lachen! Sechs verschiedene Themen. Kluge, originale Entwürfe. Fertig zum Verschicken. Die Männer und Frauen im Armeedienst werden es zu schätzen wissen, wenn sie ein Set dieser humorvollen Karten bekommen)“. Zwei Karten beziehen sich nur auf Hitler, die anderen vier hier vorgestellten Karten auf die Achsenmächte, symbolisiert durch Hitler, Mussolini und Hirohito.
175. *Fortune teller* (Wahrsager). „*I see a bad finish for you rats* (Ich sehe eine böses Ende für euch Ratten kommen)“. Uncle Sam sagt den Ratten Hirohito, Hitler und Mussolini ein schlimmes Ende voraus.
176. *A royal flush!* (Eine königliche Spülung!). Uncle Sam spült Hirohito, Hitler und Mussolini in der Klosettmuschel hinunter.
177. „*Look! Uncle Sam made monkeys of ’em* (Schau, Uncle Sam hat sie zu Affen gemacht)“.
178. *Unconditional surrender!* (Bedingungslose Kapitulation!). Hirohito, Hitler und Mussolini hängen von einem Baum, dessen Äste die Form von Hakenkreuz und aufgehender Sonne haben. Die Welt zeigt ihnen den Vogel, macht eine lange Nase und streckt die Zunge heraus.
179. *O wata na siam.* National series Nr. 1913, GB: (F). „*The first line of the Japanese national anthem – sung to the tune of ‚God save the King‘. – Try it! O wa ta na siam. You are quite right. You are!* (Die erste Zeile der japanischen Nationalhymne, zu singen zur Melodie ‚Gott segne den König‘. Versuche es! Oh, was bin ich doch für ein Arsch! Du hast ganz recht, du bist einer!)“.

180. [Ferngespräche zwischen Hitler, Mussolini und Hirohito]. 22.8.1943 (F). Hitler: „*Hello! Benito... Woe is me what trouble these French have given me with their allies. (I've sure pot luck)*“. Mussolini: „*Me too... What with Tunisia lost and them so close to Italy is it a wonder I have the s... s.*“ Hirohito: „*Hello, hello! As for me in the Pacific...! I got the yellow jaundice but you'd hardly know it to look at me* (Hallo, hallo! Ich hier im Pazifik habe die Gelbsucht, aber ihr würdet es kaum merken, wenn ihr mich anschaut“.
181. *Wanted. Big reward offered* (Gesucht. Hohe Belohnung). Karte AC 110 einer mehrteiligen Serie. US: WM Color-Litho Postcards, Aurora, Mo. (F). „*I'm coming home rich!* (Ich werde reich heimkommen!)“. Amerikanischer Soldat vor den Steckbriefen von Hitler, Mussolini und Hirohito.
182. *We're really going to set'em on their axis!* (Wir werden sie wirklich auf ihre Ärsche setzen!). US: Beals, Des Moines, Iowa (F). Das sich aus dem ähnlichen Klang von *axis* (Achsen) und *asses* (Ärsche) ergebende Wortspiel war anscheinend sehr beliebt. Vgl. Nr. 150 *Boy! Will we land them Japs on their axis!*
183. *No pork until these pigs are killed* (Kein Schweinefleisch bis diese Schweine tot sind). Axis series no. 61. US: Graphic Post Card Co., New York (SW).
184. *Ready for the dumps!* (Bereit für den Müll!). Axis series no. 60. US: Graphic Post Card Co., New York, B. F. Long (SW).
185. *The unholy three* (Die unheiligen Drei). Karte A14 einer mehrteiligen Serie. US: J. H. 42 (SW). Hirohito, Hitler und Mussolini mit Messgewändern in einer gotischen Kirche.
186. *Three of a kind* (Drei der gleichen Art). Karte A 25 einer mehrteiligen Serie. US: J. H. 42 (SW). Hitler, Hirohito und Mussolini als Esel.
187. *X-Ray Photo of Hirohito's brain* (Röntgenaufnahme von Hirohitos Gehirn). Axis series no. 52. US: Graphic Post Card Co., New York, B. F. Long (SW). „*Cut throat. So sorry – please* (Schneidet ihm die Kehle durch. Entschuldigung, bitte!)“.
188. *Bundles for Hirohito* (Pakete für Hirohito). Aviation Comic Series AV 209. US: MWM Color-Litho Postcards, Aurora, Mo. (F). „*Tagged for Tokyo* (Bestimmt für Tokyo)“.
189. „*I'm going to wipe them out* (Ich werde sie wegwischen)“. Karte AC 114 einer mehrteiligen Serie. US: MWM Color-Litho Postcards, Aurora, Mo. (F).
190. *A royal flush for Hirohito!* (Eine königliche Spülung für Hirohito!). US: Kahuna Comics, Honolulu Hawaii (F). Die japanische Flotte wird in einer Klosettmuschel hinuntergespült. Da der Tenno als Monarch galt, war das Wortspiel mit dem Poker-Begriff „*royal flush*“ und seiner entfremdeten Darstellung offensichtlich sehr beliebt. Vgl. Nr. 176 *A royal flush!*

191. *Ook Japan capituleert* (Auch Japan kapituliert). NL: Karte zugunsten des niederländischen Roten Kreuzes, Utrecht, 15.8.1945, Entwurf und Text von Toon van Ham (F). *Uw grof geschut / Bleef zonder nut, / Want's werelds allerkleinste maat / Vond hier de beste en grootste baat: / Het batig slot! / Wij danken God, / Die's werelds allergrootste kwaad / Atomisch uit elkander slaat* (Ihr grobes Geschütz / Blieb ohne Nutzen / Weil das allerkleinste Maß der Welt / Hier den besten und größten Erfolg fand: / Ein toller Abschluss! / Wir danken Gott, / Das allergrößte Übel der Welt / Schlägt es atomar auseinander).

KURZE ERLÄUTERUNG WICHTIGER BEGRIFFE, NAMEN UND EREIGNISSE

Achsenmächte, engl. *axis* Auf Benito Mussolini (1936) zurückgehender Propagandabegriff Deutschlands und Italiens. Neben der Achse Berlin – Rom war auch von der Achse Berlin – Tokio die Rede. Während des Zweiten Weltkrieges wurden alle mit dem Deutschen Reich verbündeten Staaten als Achsenmächte bezeichnet.

Boxeraufstand, engl. *Boxer Uprising*, jap. *Giwadan undō* Erhebung der chinesischen Geheimgesellschaft „Fäuste für Gerechtigkeit und Harmonie" (Yihequan, später „Verband für Gerechtigkeit und Harmonie", Yihetuan), deren Mitglieder im Westen als Boxer bezeichnet wurden, mit Billigung und Unterstützung des Kaiserhofes. Als Ursachen gelten Flut- und Dürrekatastrophen in Nordchina, die deutsche Besetzung von Qingdao und das aggressive Vorgehen christlicher Missionare in chinesischen Dörfern. Der Aufstand der sich unverwundbar glaubenden Boxer richtete sich gegen alle Ausländer, die christlichen Missionen sowie die chinesischen Christen. Nach Unterbrechung der Bahnverbindung zwischen Peking und der Küste eskalierte im Mai 1900 die Situation, weil die Ausländer nun in Peking eingeschlossen waren. Im Juni ermordeten chinesische Soldaten den Kanzler der japanischen Gesandtschaft und den deutschen Gesandten Baron von Ketteler. Die Ausländer und mehrere tausend chinesische Christen waren bis August im Gesandtschaftsviertel eingeschlossen, ehe sie von einer Armee von 20.000 Mann aus Vertretern der acht Nationen Deutschland, Frankreich, Großbritannien, Italien, Japan, Österreich-Ungarn, Russland und USA befreit wurden. Die Forderungen des Friedensvertrags von 1901, des so genannten „Internationalen Boxerprotokolls", brachten China an den Rand des Ruins. Die Niederschlagung der Boxer-Bewegung zeigte eindringlich, „dass der Imperialismus in China im Grunde ein kooperatives Unternehmen der Großmächte war" (Osterhammel).

Changkufeng Zwischenfall, engl. *Changkufeng Incident*, jap. *Chōkohō jiken* Kämpfe zwischen japanischen und sowjetischen Truppen vom 29.7. bis 11.8.1938 bei Changkufeng in der Nähe des Grenzdreiecks Sowjetunion, Mandschurei und Korea, die einige tausend Opfer auf beiden Seiten forderten.

Chinesisch-Japanischer Krieg, engl. *Sino-Japanese War*, jap. *Nitchū sensō* Krieg zwischen China und Japan vom 7.7.1937 bis 15.8.1945. Durch eine Schießerei an der Marco-Polo Brücke, 19 km südwestlich von Peking, ausgebrochen, entwickelte sich dieser Krieg zu einem sehr langen und verlustreichen, der rund 1,9 Millionen Menschen das Leben kostete. Nach einmonatigen Bemühungen, die Situation wieder unter Kontrolle zu bringen, eroberten japanische Truppen zunächst Shanghai und dann im Dezember 1937 Nanjing, das nach seiner Einnahme drei Wochen lang von japanischen Soldaten terrorisiert wurde, was als Nanjing-Massaker in die Geschichte eingegangen ist. Trotz der Einnahme der Hauptstadt Nanjing und der Stadt Xuzhou im März 1938 ergaben sich die Chinesen nicht. Nach der Einnahme von Hankou und der fast zeitgleichen Einnahme des letzten bedeutenden chinesischen Hafens Guangzhou wurde die Hauptstadt nach Chongqing verlegt, was einer der größten Massenwanderungen der Geschichte gleichkam. Trotz verschiedener kleinerer Initiativen kam der Krieg dann fast völlig zum Stillstand. Im Mai 1944 startete Japan die „Operation Nummer 1“, die fast einer halben Million Chinesen das Leben kostete und weitere 100 Millionen Chinesen unter japanische Herrschaft brachte. Der Krieg in China wurde nicht in China zu Ende gekämpft, sondern endete mit der Kapitulation Japans vor den Alliierten. Etliche japanische Militärs setzten nach Kriegsende ihren Kampf gegen die Kommunisten im Dienste der nationalchinesischen Einheiten fort.

Dschingis Khan (1155 od. 1167 – 1227) Mongolischer Herrscher (1206 – 1227), errichtete ein mongolisches Großreich, das vom Chinesischen Meer bis zum Kaspischen Meer reichte.

Französisch-Indochina, fr. *Indo-Chine* Bezeichnung für den Zusammenschluss der französischen Kolonien Annam, Cochinchina und Tongking ab 1889. Während des Zweiten Weltkriegs von Japan besetzt. Nach Kriegsende wurde die Kolonie Indochina im Jahr 1947 in Kambodscha, Laos und Vietnam aufgeteilt.

Fujiyama, jap. *Fuji-san,* engl. *Mt. Fuji* Der höchste und wohl auch eindrucksvollste Berg Japans, zugleich das bekannteste landschaftliche Symbol für Japan, im Südwesten von Tokyo gelegen. 3976 m hoher, sehr gleichmäßiger Vulkankegel, der an klaren Tagen von Tokyo aus sichtbar ist.

Geisha Person (*sha*), die über unterhaltsame Kunstfertigkeiten (*gei*) verfügt, und diese in der Regel im Freudenviertelmilieu zum Besten gibt. Zuerst meist Männer, später meist Frauen. Diese waren einfacher gekleidet und hatten eine weniger komplizierte Frisur als die Spitzenkurtisanen. Sie beherrschten mehrere Musikinstrumente und die Sangeskunst, die Kalligraphie, die Teezeremonie, das Blumenstecken, die gepflegte Konversation und zahlreiche Party-Spiele. Heute gibt es nur noch einige hundert Geishas, vor allem in Kyoto und Tokyo, die nicht mit Prostituierten verwechselt werden sollten. Im Westen wurden und werden oft alle Japanerinnen als Geishas bezeichnet, vor allem wenn sie traditionell japanisch mit Kimono bekleidet sind. Für eine bürgerliche Japanerin ist die Benennung als Geisha beleidigend. Wie der Fujiyama bildet die Geisha einen wesentlichen Teil des westlichen Japan-Stereotyps. *Die Geisha. Eine japanische Teehausgeschichte* ist der Titel einer 1896 in London und auf Deutsch erstmals 1897 in Wien aufgeführten Operette des Komponisten Sidney Jones und der Librettisten Owen Hall und Harry Greenbank. Gemeinsam mit der Oper *Madame Butterfly* bildet *Die Geisha* den Höhepunkt des Japonismus in der Musik um 1900.

Gelbe Gefahr, engl. *Yellow Peril*, jap. *kōkaron* Schlagwort zur Kennzeichnung der Bedrohung, die dem westlichen Imperialismus aus dem Erstarken Ostasiens zu erwachsen schien. Für den deutschen Kaiser Wilhelm II war ab 1895 vor allem ein geeintes Ostasien unter der Führung Japans ein Schreckgespenst. Das Schlagwort wurde nach dem Boxeraufstand von 1900 und nach dem japanischen Sieg über Russland 1905 verstärkt gebraucht und auch auf die chinesischen und japanischen Einwanderer in die USA angewandt. Japan konterte seinerseits mit dem Verweis auf die „Weiße Gefahr“, die seiner Meinung nach in der totalen Kolonialisierung Asiens durch die imperialistischen Staaten des Westens bestand.

Goldene Horde Mongolisches Teilreich in Osteuropa und Westsibirien von 1236 bis 1502.

Hirohito (1900 – 1989) Nach der offiziellen japanischen Zählung 124. Tenno, der von 1926 bis 1989 diese Funktion innehatte, aber schon seit 1921 als Regent für seinen kranken Vater Yoshihito regierte. Posthumer Name Shōwa. Da der Tenno nach der

Verfassung von 1889 nominell eine Machtfülle sondergleichen aufwies, wurde er im Westen während des Zweiten Weltkrieges gerne mit den Diktatoren Adolf Hitler und Benito Mussolini verglichen. Nach dem Krieg versuchte Japan die Kriegsverantwortung ausschließlich auf General Tojo abzuwälzen, der von 1941 bis 1944 Ministerpräsident war, und den Tenno als Politiker zu schildern, den keinerlei Schuld am Ausbruch des Krieges und an den diversen Kriegshandlungen trifft. Dadurch und durch eine sehr kooperative Haltung gegenüber der Besatzungsmacht USA erreichte Japan, dass Tenno Hirohito beim Internationalen Militärgericht für den Fernen Osten, dem Gegenstück zum Nürnberger Prozess, nicht als Kriegsverbrecher angeklagt wurde, obwohl er von 1941 bis 1945 in den USA das japanische Feindbild verkörperte.

Hiroshige (1797 – 1858) Bedeutender Farbholzschnittkünstler der Utagawa-Schule, der vor allem wegen seiner melancholischen Landschaftsdarstellungen und seiner vielen Serien von der Ostmeerstraße (Tōkaidō) auch im Westen sehr bekannt und beliebt ist.

Hitler, Adolf (1889 – 1945) Ab 1933 deutscher Reichskanzler, ab 1934 „Reichskanzler und Führer" des „Dritten Reiches", das er mit der von ihm 1920 gegründeten NSDAP diktatorisch regierte und in einem ruinösen Mehrfrontenkrieg in den Untergang führte. Seiner Verantwortung für Kriegsverbrechen und Völkermord an 6 Millionen Juden und 500.000 Sinti und Roma entzog er sich durch Selbstmord. Für Hitler waren die Japaner nur eine „Kultur tragende", keine „Kultur schöpferische" Rasse (*Mein Kampf*), also ein „Nachahmervolk", und China stand den Nationalsozialisten zunächst näher als Japan.

Hügel 203, engl. *Hill 203* Während des Russisch-Japanischen Krieges heftigst umkämpfte 203 m hohe Erhebung im Westen von Port Arthur. Nach vier japanischen Angriffen ab 19.9.1904, bei welchen mehr als 10.000 Soldaten starben, wurde der Hügel am 6.12.1904 endgültig von den Japanern eingenommen und sofort zum Stützpunkt mit schweren Geschützen ausgebaut.

Hunnenrede Berühmt-berüchtigte Rede Kaiser Wilhelms II am 27.7.1900 bei der Verabschiedung der deutschen Truppen in Bremerhaven, die zur Niederschlagung des so genannten Boxeraufstandes nach China entsandt wurden. Der wesentliche Teil der Rede lautete: „Ihr sollt fechten mit einem euch ebenbürtigen, tapferen, verschlagenen Feind, gut bewaffnet und gut ausgerüstet. Aber ihr sollt auch rächen den Tod unseres Gesandten und so vieler, nicht nur Landsleute, auch anderer Europäer! Kommt ihr vor den Feind, so wird derselbe geschlagen! Pardon wird nicht gegeben! Gefangene werden nicht gemacht! Wer euch in die Hände fällt, sei euch verfallen! Wie vor tausend Jahren die Hunnen unter ihrem König Etzel sich einen Namen gemacht, der sie noch jetzt in Überlieferung und Märchen gewaltig erscheinen lässt, so möge der Name Deutscher in China auf 1000 Jahre durch euch in einer Weise bestätigt werden, dass es niemals wieder ein Chinese wagt, einen Deutschen scheel anzusehen!"

Iris Japan-Oper, Musik von Pietro Mascagni, Libretto von Luigi Illica. Uraufgeführt am 22.11.1898 in Rom. Zunächst sehr erfolgreich, wird diese Oper heute kaum mehr aufgeführt.

Karolinen 1899 von Deutschland erworbene Inselgruppe im Pazifik, vorher spanischer Besitz. Im Oktober 1914 kampflos den Japanern überlassen.

Kiautschou, chin. *Jiaozhou*, jap. *Kōshūwan soshakuchi* Ab 14.11.1897 deutsches Pachtgebiet mit der Hafenstadt Qingdao in China. Sollte eine deutsche Musterkolonie werden. Nach Ausbruch des Ersten Weltkriegs in Europa am 7.11.1914 von den Japanern erobert, aber 1922 nach der Washingtoner Konferenz auf britischen und amerikanischen Druck an China zurückgegeben.

Kimono Im allgemeinen Sinn und wörtl. japanische „Bekleidung“ im Gegensatz zur westlichen Bekleidung, im besonderen Sinn gewickeltes Kleidungsstück aus zwei Stoffbahnen mit angesetzten Ärmeln für Frauen und Männer, das mit einer Schnur oder einem verschieden breiten Stoffgürtel zusammengehalten wird.

Koreas Öffnung Nach der Meiji-Restauration tauchte die Idee auf, dass Japan nun Korea erobern solle, u.a. um die arbeitslosen Samurai beschäftigen zu können. Nach der Beschießung dreier japanischer Kanonenboote bei den Kanghwa-Inseln vor Inchon im Jahr 1875 entsandte Japan im Januar 1876 Kuroda Kiyotaka und Inoue Kaoru mit 4000 Soldaten nach Korea, um die Öffnung Koreas zu erzwingen und einen Vertrag mit Korea abzuschließen. Im Vertrag von Kanghwa wurde Korea als unabhängige Nation anerkannt und nicht als Tributpflichtiger Chinas. Pusan, Inchon und Wonsan wurden für den Handel mit Japan geöffnet, und Japan bekam eine diplomatische Vertretung mit extraterritorialen Rechten in Korea. Damit hatte Japan, das unter den ungleichen Verträgen mit den westlichen Nationen litt, seinerseits den ersten ungleichen Vertrag mit einer anderen Nation abgeschlossen.

Kuli, engl. *coolie* Aus dem Chinesischen stammende Bezeichnung für männliche Personen, die wenig geschätzte körperliche Arbeit verrichten. Von Europäern und Amerikanern für Arbeiter von Indien bis Japan verwendet.

Madame Butterfly. Tragödie einer Japanerin Bekannteste Japan-Oper, 1904 in Mailand uraufgeführt. Deutsche Erstaufführung 1907 in Berlin. Musik von Giacomo Puccini, Text nach David Belasco von Luigi Illica und Giuseppe Giacoso. Thematisiert in idealistischer, realitätsfremder Weise die so genannten „Japan-Ehen“, die im 19. Jahrhundert von westlichen Ausländern gerne für die Dauer ihres Japan-Aufenthaltes eingegangen wurden. Die Geisha Cho-Cho-San nimmt sich das Leben, als sie erkennt, dass der amerikanische Marineoffizier Linkerton kein bleibendes Interesse an ihr hat. Wichtiges Element des westlichen Japan-Bildes.

Mandschurei Riesige Region im Nordosten Chinas. Gegen Ende des 19. Jahrhunderts versuchte Russland, sich die Mandschurei und das daran anschließende Korea einzuverleiben. Nach dem Boxeraufstand beließ es seine Truppen dort. Japan fühlte sich von Russland bedroht und schlug vor, dass die Mandschurei russisch, aber Korea japanisch würde, was die Russen ablehnten. Das war die Ursache für den Russisch-Japanischen Krieg. Nach dem Mandschurischen Zwischenfall 1931 eroberte Japan bis Anfang 1932 die Mandschurei und schuf dort einen japanischen Puppenstaat mit dem letzten chinesischen Kaiser Pu-yi, einem Mandschuren, als Kaiser von Mandschukuo. Nach Kriegsende 1945 kam die Mandschurei wieder an China.

Marianen 1899 von Deutschland erworbene Inselgruppe im Pazifik, vorher spanischer Besitz. Im Oktober 1914 kampflos den Japanern überlassen.

Marshall-Inseln Inselgruppe im Pazifik, seit 1885 deutscher Besitz. Am 29.9.1914 von Neuseeland besetzt und bis auf die Insel Nauru an Japan übergeben.

Mikado Wörtl. „Erlauchte Pforte", Bezeichnung für den Tenno. Der *Mikado oder Ein Tag in Titipu* ist auch eine 1885 in London uraufgeführte, äußerst erfolgreiche Japan-Oper von Arthur Sullivan (Musik) und W. S. Gilbert (Libretto).

Mousmé Um 1900 unter Westlern in Japan gebräuchliche Bezeichnung für unverheiratete japanische Frauen nach dem japanischen Wort *musume*.

Mussolini, Benito (1883 – 1945) Italienischer Politiker. Gründete 1919 die Sammlungsbewegung „Fasci di Combattimento" und errichtete 1922 nach dem „Marsch auf Rom" eine Einparteiendiktatur. Ab 1929 stand er als „Duce" einem rein faschistischen Parlament vor. Im Juli 1943 entmachtet und gefangen genommen, aber von deutschen Truppen befreit. Auf der Flucht in die Schweiz von italienischen Partisanen gefangen genommen und getötet.

Mutsuhito (1852 – 1912) Nach der offiziellen japanischen Zählung 122. Tenno, der von 1867 bis 1912 diese Funktion innehatte. Posthumer Name Meiji. Auf Grund der Verfassung von 1889 quasi absoluter Monarch, in der Praxis allerdings mit wenig Einfluss auf die Regierungen der Oligarchen. Während seiner Regierungszeit entwickelte sich der japanische Imperialismus.

Niederländisch-Indien Niederländische Kolonie, die das Gebiet des heutigen Indonesien einschließlich des westlichen Teils Neuguineas umfasste. 1942 bis 1945 von Japan besetzt. Nach der japanischen Kapitulation wieder niederländisch, aber seit 27.12.1949 als Indonesien unabhängig.

Nomonhan Zwischenfall, engl. *Nomonhan Incident*, jap. *Nomonhan jiken* Am 12.5.1939 kam es beim Dorf Nomonhan zwischen Soldaten der mit der Sowjetunion verbündeten mongolischen Volksrepublik und solchen der japanischen Kwantung Armee zu einer bewaffneten Auseinandersetzung. Die Mongolen riefen die Sowjetunion zur Hilfe. Der kurze, erbittert geführte Krieg führte zu einer deutlichen Niederlage der Japaner und wurde am 15.9.1939 diplomatisch beendet. Der Krieg bei Nomonhan, dessen Ausgang der japanischen Öffentlichkeit verschwiegen wurde, war ein wichtiger Entscheidungsfaktor für die Südvariante.

Nordvariante Nicht ausgeführte imperialistische Strategie Japans, die Sowjetunion anzugreifen und sich die benötigten Ressourcen in Sibirien zu sichern. Wurde nach den Zusammenstößen bei Nomonhan ad acta gelegt. Stattdessen wurde ein Nichtangriffspakt mit der Sowjetunion geschlossen, der bis zum Kriegseintritt der Sowjetunion am 8.8.1945 eingehalten wurde.

Oku Yasukata (1846 – 1930) Während des Russisch-Japanischen Krieges Oberbefehlshaber der Zweiten Armee Japans. Wegen des Gleichklangs seines auf Französisch ausgesprochenen Namens mit dem französischen *au cul* (am Arsch) wird er im Japan feindlich gegenüber stehenden Frankreich laut einer Postkarte zum „beliebtesten japanischen General".

Pazifischer Krieg, engl. *Pacific War*, jap. *Taiheiyō sensō* Japanische Bezeichnung für den Krieg Japans gegen die westlichen Kolonialmächte in Asien, aber nicht für den Krieg gegen China. Teil des Zweiten Weltkrieges. Im September 1940 nützte Japan die Situation in Europa aus, um im Norden Indochinas einzumarschieren. Im Sommer 1941 drang es auch in den Süden Indochinas vor und provozierte damit ein holländisch-britisch-amerikanisches Ölembargo, das Japan zum Rückzug bewegen sollte. Da die USA in den folgenden Verhandlungen trotz vieler japanischer Zugeständnisse Japans Forderungen nach einem zumindest befristeten Verbleib in

Nordchina nicht zustimmten, entschloss sich Japan zu einem Verzweiflungsschlag gegen die in Pearl Harbor auf Hawaii stationierte Pazifikflotte. Danach vertrieb es die USA von den Philippinen, England von Malaya und Singapur und Holland von Indonesien. Ferner wurden zahlreiche Inseln im Pazifik besetzt. Im ersten halben Jahr führte Japan somit einen äußerst erfolgreichen Blitzkrieg. Mit der Seeschlacht bei den Midway-Inseln im Juni 1942 wendete sich das Blatt. In der Folgezeit war Japan nur noch in der Defensive und musste seine Verteidigungslinie immer weiter zurücknehmen, besonders nach der Schlacht um die Insel Saipan im Juni 1943, der größten Seeschlacht des Zweiten Weltkriegs. Im Oktober 1944 begannen die USA die Rückeroberung der Philippinen. Etwa zur gleichen Zeit kam es zu den Einsätzen von *kamikaze*-Selbstmordfliegern, die zwar sehr spektakulär und für das Image der unerschrocken sich aufopfernden Japaner wichtig waren, aber in keiner Weise am Ausgang des Krieges etwas ändern konnten. Am 1.4.1945 landeten amerikanische Truppen auf Okinawa, wo eine der verlustreichsten Schlachten des Krieges stattfand. Für Japan als besonders katastrophal erwiesen sich die zahllosen amerikanischen Brandbomben, die ab März 1945 auf die japanischen Städte abgeworfen wurden und 13 Millionen Japaner obdachlos machten, sowie die beiden Atombomben auf Hiroshima und Nagasaki im August 1945. Am 15.8.1945 verkündete der Tenno über Rundfunk die japanische Niederlage.

Pearl Harbor Amerikanischer Flottenstützpunkt der Pazifikflotte auf der Hawaii-Insel Oahu in der Nähe Honolulus. Am 7. (nach japanischem Datum 8.) 12.1941 von der japanischen Marine überraschend angegriffen. Große Verluste der Amerikaner bei nur kleinen Verlusten der Japaner. Dieser Angriff sollte einen amerikanischen Angriff auf Japan für längere Zeit unmöglich machen. Gilt in den USA als nationale Schande und als Beweis für die Heimtücke der Japaner, wurde nach dem 11.9.2001 immer wieder als vergleichbare Handlung herangezogen. „Remember Pearl Harbor!“ war einer der wichtigsten amerikanischen Slogans im Krieg gegen Japan.

Port Arthur, chin. *Lüshun*, jap. *Ryojun* Eisfreier Hafen auf der Liaodong-Halbinsel, der den Zugang über das Meer nach Peking kontrolliert. 1895 den Japanern im Frieden von Shimonoseki als Kriegsgewinn zugesagt, aber nach der Tripel-Intervention nicht in Anspruch genommen. 1897 von Russland gepachtet, 1904 wichtigster Kriegsschauplatz im Russisch-Japanischen Krieg. Nach langer Belagerung im Februar 1905 von den Japanern eingenommen. Bis 1931 Sitz der japanischen Kwantung-Armee.

Rikscha, engl. *rickshaw*, jap. *jinrikisha* Vom japanischen *rikisha*, wörtl. Kraftwagen. Um 1870 in Japan erfundener Wagen zur Beförderung von ein bis zwei Personen. Der Wagen wird von einem Mann an zwei Deichseln gezogen. Verbreitet sich von Japan aus rasch nach China und Südostasien. Kam in Japan nach dem großen Kantō-Erdbeben von 1923 außer Gebrauch.

Roosevelt, Franklin Delano (1882 – 1945) 32. Präsident der USA von 1933 – 45. Als solcher Oberbefehlshaber der amerikanischen Streitkräfte während des Zweiten Weltkriegs.

Roosevelt, Theodore (1858 – 1919) 26. Präsident der USA von 1901 – 1909. Für seine Bemühungen um einen Frieden zwischen Russland und Japan 1905 erhielt er 1906 den Friedensnobelpreis.

Russisch-Japanischer Krieg, engl. *Russo-Japanese War*, jap. *Nichiro sensō* Krieg zwischen Russland und Japan um die Vorherrschaft in der Mandschurei und in Korea vom 8.2.1904 bis 5.9.1905. Russland hatte die Entsendung eines Militärkontingents zur Niederschlagung des Boxeraufstands dazu benutzt, Truppen in der Mandschurei stationiert zu lassen, was Japan, das das benachbarte Korea als sein Einflussgebiet ansah, irritierte. Verhandlungen über ein Tauschgeschäft Mandschurei an Russland und Korea an Japan schlugen fehl, worauf Japan 1902 mit Großbritannien ein Bündnis schloss (Anglo-Japanese Alliance). Japan sah eine harte Vorgehensweise gegen Russland als einzige Möglichkeit, Russland zum Abzug seiner Truppen in der Mandschurei zu veranlassen. Finanziell wurde Japan durch britische und amerikanische Kredite gestärkt. Am 8.2.1904 attackierte die japanische Marine die russische Flotte vor Port Arthur. Japanische Truppen landeten in Korea und marschierten in der Mandschurei ein. Port Arthur wurde ab August 1904 von der dritten japanischen Armee unter General Nogi Marusuke angegriffen, konnte aber erst im Januar 1905 eingenommen werden, wobei Japan 60.000 Mann Verluste in Kauf nehmen musste. Im März 1905 begann die größte Schlacht des Krieges um Mukden, bei der sich 320.000 russische und 250.000 japanische Soldaten gegenüberstanden. Nach zehn Tagen erbittertster Kämpfe mit 70.000 japanischen und 90.000 russischen Opfern besetzten die Japaner die Stadt, ohne dass die russische Armee entscheidend geschlagen worden wäre. Nach der Zerstörung der russischen Baltenflotte in der Seeschlacht bei Tsushima Ende Mai 1905 ersuchte Japan Präsident Theodore Roosevelt um Vermittlung eines Friedens. Ein Vertrag, der Japan Exklusivrechte in Korea zusicherte, wurde am 5.9.1905 in Portsmouth, New Hampshire, unterzeichnet. Russland musste Port Arthur, Dalien, die Südmandschurische Eisenbahn und die südliche Hälfte der Insel Sachalin an Japan abtreten. In der Folge machte Japan Korea zuerst zu einem japanischen Protektorat und ab 1910 zu seiner Kolonie.

Sachalin, jap. *Karafuto* Insel im Norden von Hokkaidō. Zunächst sowohl von Japan als auch von Russland beansprucht, kam Sachalin im Vertrag von St. Petersburg 1875 zu Russland, während Japan die gesamte Inselkette der Kurilen erhielt. Nach dem Russisch-Japanischen Krieg kam 1905 der südliche Teil zu Japan. Während des Sibirien-Feldzugs besetzte Japan bis 1925 auch den Nordteil. Nach der japanischen Kapitulation 1945 wurde die gesamte Insel sowjetrussisches Staatsgebiet.

Samurai Japanischer Begriff, der wörtlich übersetzt Diener heißt. Bezeichnung für den japanischen Militäradel, der von der Mitte des 12. bis zur Mitte des 19. Jahrhunderts Japans führende Gesellschaftsschicht darstellte. Während der Edo-Zeit (1600-1867) genossen die Samurai das Privileg, neben ihrem Namen einen Familiennamen zu führen und zwei Schwerter zu tragen. Der Militärdienst war ihnen vorbehalten. Im Westen sind die Samurai wegen der ihnen zugeschriebenen unbedingten Loyalität gegenüber ihrem Herrn, ihrer Unerschrockenheit, Tapferkeit, Grausamkeit und Todesverachtung berühmt geworden und bilden einen festen Bestandteil des Japan-Klischees. Besonders berühmt geworden ist die von ihnen in bestimmten extremen Situationen praktizierte Entleibung durch Aufschlitzen des Bauches, *harakiri* oder *seppuku*. Obwohl die Samurai nur 5 bis 7 Prozent der Gesamtbevölkerung ausmachten, werden die ihnen zugeschriebenen Eigenschaften von Westlern oft allen Japanern nachgesagt. Während des Zweiten Weltkrieges bemühte man sich in Deutschland, den „Samuraigeist“, insbesondere die totale Selbstaufopferung, in die deutschen Soldaten zu verpflanzen und auch Selbstmordflieger wie in Japan auszubilden.

Sibirien-Feldzug, engl. *Siberian Intervention*, jap. *Shiberia shuppei* Im Juli 1918 beschlossen die Alliierten des Ersten Weltkriegs eine Militärintervention in Sibirien, um dort gelagerte alliierte Munitionsbestände und 50.000 Tschechen, die von der österreichischen Armee desertiert waren und sich nach Wladiwostok durchschlagen wollten, gegen die Rote Armee zu schützen. Japan sollte 7.000 Mann zu einem Gesamtkontingent von 25.000 Mann beitragen. Tatsächlich entsandte Japan 12.000 Mann und Ende 1918 hatte es 70.000 Mann in Sibirien oder in der Mandschurei stehen. Nach dem Massaker an 700 Japanern in der Stadt Nikolaevsk im März 1920 besetzte Japan als Vergeltungsmaßnahme die Nordhälfte der Insel Sakhalin. Die japanischen Truppen blieben noch bis Oktober 1922 in Sibirien, obwohl die anderen alliierten Truppen sich bereits im Juni 1920 von dort zurückgezogen hatten, und die Besetzung von Nordsachalin dauerte noch bis 1925, als Japan diplomatische Beziehungen mit der Sowjetunion aufnahm.

Sino-Japanischer Krieg, engl. *Sino-Japanese War*, jap. *Nisshin sensō* Kampf zwischen China und Japan um die Vorherrschaft in Korea. Als Korea 1894 China um Unterstützung gegen den Tonghak-Aufstand bat und China 2.800 Mann nach Korea entsandte, ohne, wie vertraglich vereinbart, Japan davon zu verständigen, nützte Japan die Situation aus, um am 1.8.1894 China den Krieg zu erklären. Japan errang am 16. und 17.9. leichte Siege gegen China bei P'yŏngyang und in einer Seeschlacht am Fluss Yalu und besetzte zwei Monate später Port Arthur. Im Februar zerstörte es die chinesische Flotte bei Weihaiwei, worauf es zu Friedensverhandlungen kam. Im Vertrag von Shimonoseki bekräftigte China die Unabhängigkeit Koreas, verzichtete auf die Insel Formosa und die Pescadoren und verpflichtete sich, 300 Millionen Tael als Kriegsentschädigung zu zahlen. Weitere Konzessionen Chinas wurden in der Tripel-Intervention von Russland, Frankreich und Deutschland beeinsprucht. Der Sino-Japanische Krieg bedeutet den Eintritt Japans ins imperialistische Zeitalter, das bis 1945 dauerte.

Südvariante Plan des japanischen Generalstabs, Japan die notwendigen Rohstoffressourcen durch einen Feldzug in Südostasien zu sichern. Da das Militär nach den deutlichen Niederlagen gegen die sowjetischen Truppen 1938 und 1939 die Lust auf weitere Auseinandersetzungen mit Sowjetrussland verlor, wurde schließlich der Südvariante der Vorzug gegeben.

Tenno Nach dem chin. *t'ien-huang*, jap. *tennō,* wörtl. Erhabener des Himmels. Nach der japanischen Mythologie geht das Geschlecht der Tenno auf die Sonnengottheit Amaterasu zurück und etablierte 660 vor u.Z. mit dem ersten Tenno Jinmu seine Herrschaft über Japan. Historisch ist die Tenno-Herrschaft erst ab dem 4. Jahrhundert u.Z. nachzuweisen. Vom 9. bis zum 19. Jahrhundert waren die Tenno politisch entmachtet. Erst in der ersten japanischen Verfassung von 1889 ist der Tenno formal Inhaber der gesamten Staatsgewalt und als oberster Priester des Landes auch göttlich-heilig. In der Neujahrsansprache von 1946 erklärte der damalige Tenno Hirohito (Shōwa Tenno), dass er nur ein Mensch wäre, was ihn vor einer Anklage im Tokyoter Kriegsverbrecherprozess bewahrte. Nach der neuen Verfassung von 1947 hat der Tenno keinerlei politische Funktionen mehr. Lediglich in der Präambel zur

Verfassung wird er als Symbol Japans und der Einheit des japanischen Volkes genannt.

Toyokuni III (1786 – 1865) Besonders fruchtbarer Farbholzschnittkünstler der Utagawa-Schule, der vor allem wegen seiner Schauspielerbilder sehr bekannt ist. Zeitgenosse von Hiroshige.

Tripel-Intervention Einspruch der drei Großmächte Russland, Frankreich und Deutschland gegen Chinas Abtretung der Liaodong-Halbinsel an Japan, wie es im Friedensvertrag von Shimonoseki am 17.4.1895 zwischen China und Japan vereinbart worden war. Drei Jahre später gelang es Russland, die Häfen Ta-lien (Dairen) und Port Arthur (Ryojun) von China zu pachten.

Tsingtau, chin.*Qingdao*, jap.*Chintao* Hafenstadt in der deutschen Kolonie Kiautschou. Nach mehrwöchiger Belagerung am 7.11.1914 von japanischen Truppen eingenommen.

Tsushima Japanische Inselgruppe zwischen Pusan in Südkorea und Fukuoka in Nordkyūshū. Östlich der Inselgruppe fand am 27.5.1905 die entscheidende Seeschlacht im Russisch-Japanischen Krieg zwischen der russischen Baltenflotte unter Admiral Rojestwenski und der japanischen Flotte unter Admiral Tōgō statt.

Wilhelm II (1859 – 1941) Deutscher Kaiser und König von Preußen 1888 – 1918, betrieb eine aggressive Kolonialpolitik, um Deutschland zur Weltmacht zu machen.

Künstlerverzeichnis

Die Zahlen beziehen sich auf die Nummer der abgebildeten Postkarte, nicht auf die Seitenzahlen.

Dank

Die Anregung für die Beschäftigung mit diesem Thema erhielt ich durch Prof. Dr. Peter Pantzer, Universität Bonn, der 1985 in einer von mir herausgegebenen Festschrift für Prof. Dr. Alexander Slawik mit dem Titel *Japan: Sprache, Kultur, Gesellschaft* (Wien 1985) einen Aufsatz „Japan im Spiegel westlicher Ansichtskarten" beisteuerte, in dem er auch einige Kriegspropagandakarten vorstellte.

Dass ich in verhältnismäßig kurzer Zeit eine ziemlich umfangreiche Sammlung von Ansichtskarten zusammenstellen konnte, habe ich dem Internet zu verdanken und zahlreichen verständnisvollen Ansichtskartenhändlern in der ganzen Welt, die mir aus ihren Beständen entsprechende Karten anboten.

Frau Mag. Nora Gesellmann danke ich für ihre umfassende Hilfe bei der Bildbearbeitung, Frau Aki Saruhashi, M. A., für Hilfe mit dem Computer, meiner Schwester Frau Gudrun Llewellyn und meinem Schwager Herrn Dr. Robert Llewellyn, Universität Cambridge, sowie Cynthia Peck-Kubaczek für Hilfe mit den Übersetzungen ins Englische, Herrn Tobias James für Hilfe bei den Übersetzungen aus dem Niederländischen und Herrn Dr. Wilhelm Hopf für die Aufnahme dieses Buches in die neue Reihe Visuell seines Verlags und anregende Diskussionen. Schließlich danke ich Frau Sonja Krahn und Herrn Frank Weber für die Betreuung während der Drucklegung des Buches.

Den größten Dank schulde ich jedoch meiner Frau Mag. Dr. Susanne Formanek, die mir beim Übersetzen der Texte auf den Postkarten aus dem Französischen, bei der graphischen Gestaltung und beim Korrigieren des Manuskripts eine engagierte Hilfe war und darüber hinaus für dieses ungewöhnliche Forschungsthema ungewöhnlich viel Verständnis aufbrachte, auch wenn es oft auf Kosten der für sie und unsere Tochter Maud zur Verfügung stehenden Zeit ging. Daher möchte ich dieses Buch ganz herzlich Maud und Susanne Formanek widmen.

Wien, im Sommer 2005
Sepp Linhart

II

Bildteil

Plates

Vorgeplänkel und ein Grundthema
Kiautschou, Boxeraufstand und Gelbe Gefahr
1898 - 1900

Prelude and a basic theme
Kiaochow, the Boxer Uprising and the Yellow Peril

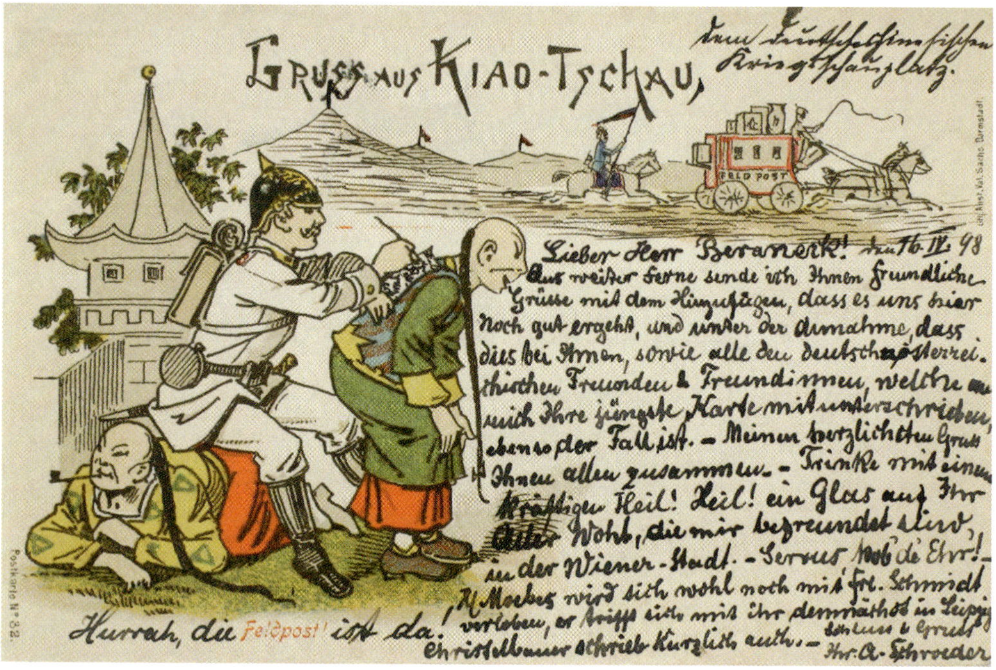

1. Gruss aus Kiao-Tschau / Greetings from Kiaochow

2. Gruss aus Kiautschau / Greetings from Kiaochow

3. 1. Wie Schulze nach China zog 2. und wie er aus China zurückkam / 1. How Schulze went to China 2. And how he came back from China

4. Der Sieger im Reich der Mitte / The winner in the Chinese Empire

La guerre amusante / Der vergnügliche Krieg / The amusing war.

5. Spionage / Espionage

6. Attaque / Angriff / Attack

7. Bombardement / Bombardierung / Bombardment

8. Victoire / Sieg / Victory

9. Capitulation / Kapitulation / Surrender

10. Paix / Frieden / Peace

11. De Chineesche draak tot den Stier Europa / Der chinesische Drache gegen den Stier Europa / The Chinese Dragon against the Bull Europe

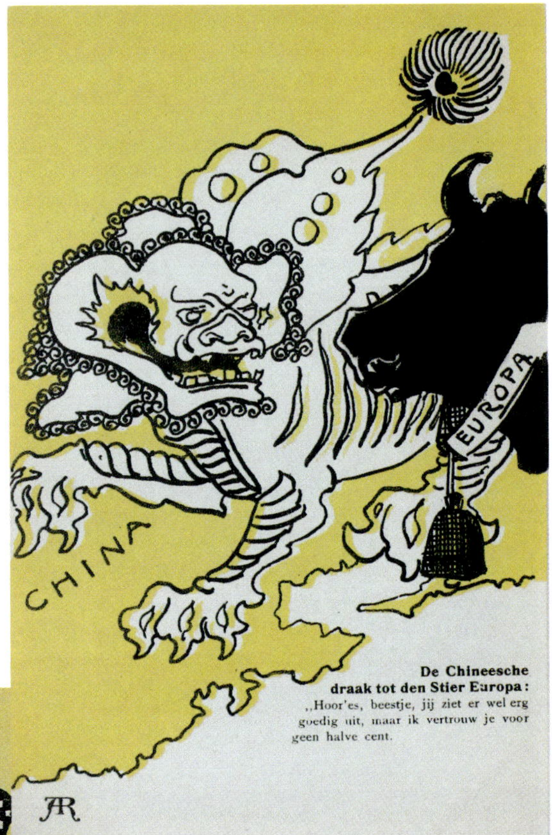

12. De „Ijzeren" contra de „Gele vuist" – Klein Duimje en de Reus / Der „Eiserne" gegen die „Gelbe Faust" – Klein Däumling und der Riese / The „Iron Man" against the „Yellow Fist" – Little Tom Thumb and the giant

13. [Die gelbe Hydra / The yellow hydra]

14. Japon / Japan

15. Le Péril Jaune: Réveil général / Die Gelbe Gefahr: allgemeines Erwachen / The Yellow Peril: general awakening

16. Le grand duel jaune et blanc / Das große Duell zwischen Gelb und Weiß / The great duel between yellow and white

17. Vers l'Extrême-Orient / Auf in den Fernen Osten! – Towards the Far East!

18. Europe – Asie – L'Avenir / Europa – Asien – Die Zukunft / Europe – Asia – The future

19. Chiens d'Occident montrent les dents / Die westlichen Hunde zeigen ihre Zähne / The Western dogs show their teeth

20. Le Gateau Chinois / Der chinesische Kuchen / The Chinese cake

David gegen Goliath
Der Russisch-Japanische Krieg
9.2.1904 - 5.9.1905

David against Goliath
The Russo-Japanese War

[Japanese youth wrestles with Russian bear / Japanischer Jüngling ringt mit russischem Bären]

21. 1: (Mr. Bear) "Go away I don't want to wrestle I'm not in training." (Herr Bär: „Geh' weg, ich möchte nicht ringen, ich bin nicht im Training.")

22. 5: (Mr. Bear) „I don't like this sort of thing from such a youngster." (Herr Bär: „Ich mag so etwas nicht, noch dazu von einem Jüngling wie dir!")

23. 6: (Jap) „Your size and weight don't count in my style of wrestling." (Japaner: „In meiner Art des Ringkampfes spielen deine Größe und dein Gewicht keine Rolle.")

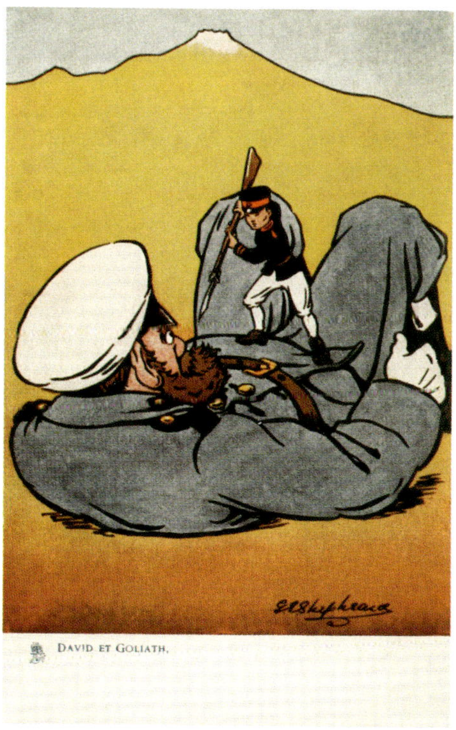

Jap the giant killer / Riesentöter Japan

24. Making him "sit-up" / Ihn Männchen machen lassen

25. David et Goliath / David und Goliath / David and Goliath

26. Een welverdiende rust / Eine wohlverdiente Rast / A well deserved rest

Three cards from a series / Drei Karten einer Serie

27. 3. Jap: "You are standing on my corn, Sir!" / Japaner: „Sie stehen auf meinem Hühnerauge, mein Herr!"

28. 4. Russ: "Well, what if I am?" / Russe: "Und was ist, wenn ich das tue?"

29. 5. Japan: „Oh, nothing, only I'm afraid you wont stop there long." / Japan: „Ach, gar nichts, ich glaube nur, dass sie nicht lange dort bleiben werden!"

30. Making him dance / Er lässt ihn tanzen

31. Stuck / Er sitzt fest

32. Clipping his claws / Seine Krallen schneiden

33. There's going to be some fun boys, old Japan Is making the feathers fly / Jetzt gibt es einmal Spaß, Burschen, das alte Japan sorgt dafür, dass die Federn fliegen!

34. Clever little Jap / Kluge kleine Japanerin

35. Jappy, "rushing" him everywhere / Jappy lenkt ihn überall hin, wo er will

36. Le Rêve / Der Traum
The dream

37. [David und Goliath / David and Goliath]

38. [Unterwerfung Koreas / Korea's subjugation]

39. [Japan wird von England zum Angriff auf Russland gedrängt / England pushes Japan to attack Russia]

40. [Russland und Japan umwerben die Mandschurei / Russia and Japan court Manchuria]

41. Le Mikado. Empereur du Japon / Der Mikado, Kaiser von Japan / The Mikado, emperor of Japan

42. Le Mikado contemple son oeuvre / Der Mikado betrachtet sein Werk / The Mikado contemplates his work

43. Port-Arthur 9 Février 1904 /
Port Arthur am 9. Februar 1904 /
Port Arthur, February 9, 1904

44. Mutsu-Hito – Le Soleil Levant /
Mutsuhito, die aufgehende Sonne /
Mutsuhito, the rising sun

45. Conflit Russo-Japonais Der russisch-japanische Konflikt / The Russo-Japanese conflict

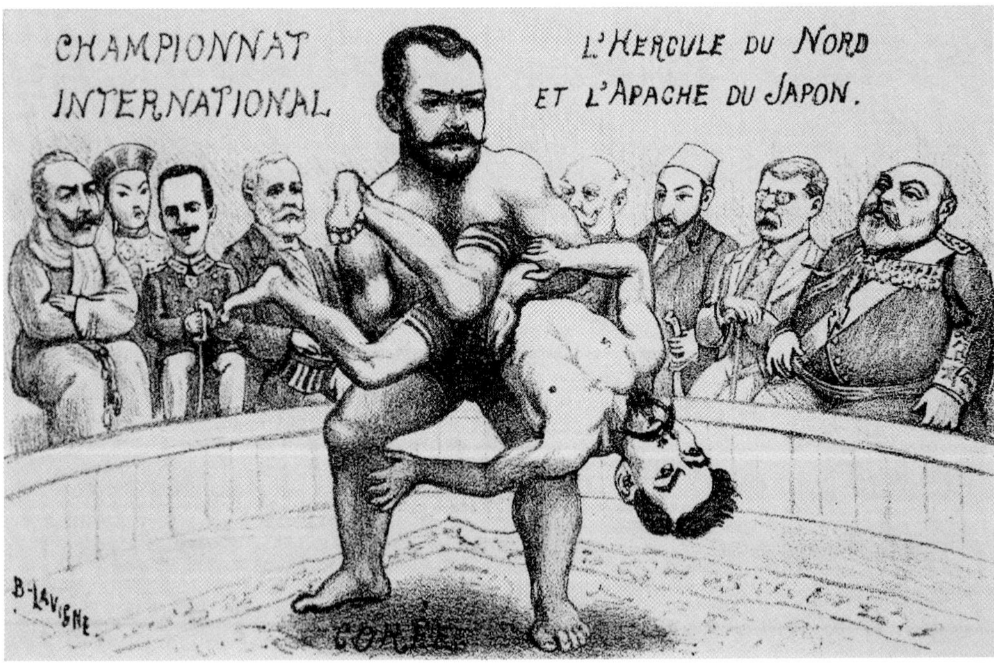

46. Championnat international / Internationale Meisterschaft / International championship

47. [Japans Angriff auf den Frieden / Japan's attack on peace]

48. Le pot de fer et le pot de terre / Der Topf aus Eisen und der Topf aus Ton / The iron pot and the earthen pot

49. Coucher de soleil sur la mer jaune / Sonnenuntergang am Gelben Meer / Sunset over the Yellow Sea

50. L'ogre d'Orient / Der östliche Menschenfresser / The ogre from the east

51. Le coup du Pert-Arthur / Der Coup vom verlorenen Arthur / The coup of lost Arthur

52. Football Asiatique / Asiatischer Fußball / Asian football

53. Le genéral Oku assurant ses derrières avant la prise de Port-Arthur / General Oku beim Absichern seine/s/r Hintern/Hinterflanke vor der Einnahme von Port Arthur / General Oku is protecting his backside before the capture of Port Arthur

54. L'artillerie du Général Oku / Die Artillerie des General Oku / The artillery of general Oku

55. Guerre Russo-Japonaise: Le général. O quel Q / Russisch-Japanischer Krieg: Der General. Ach, was für ein Arsch! / Russo-Japanese War: The general. O what an arse!

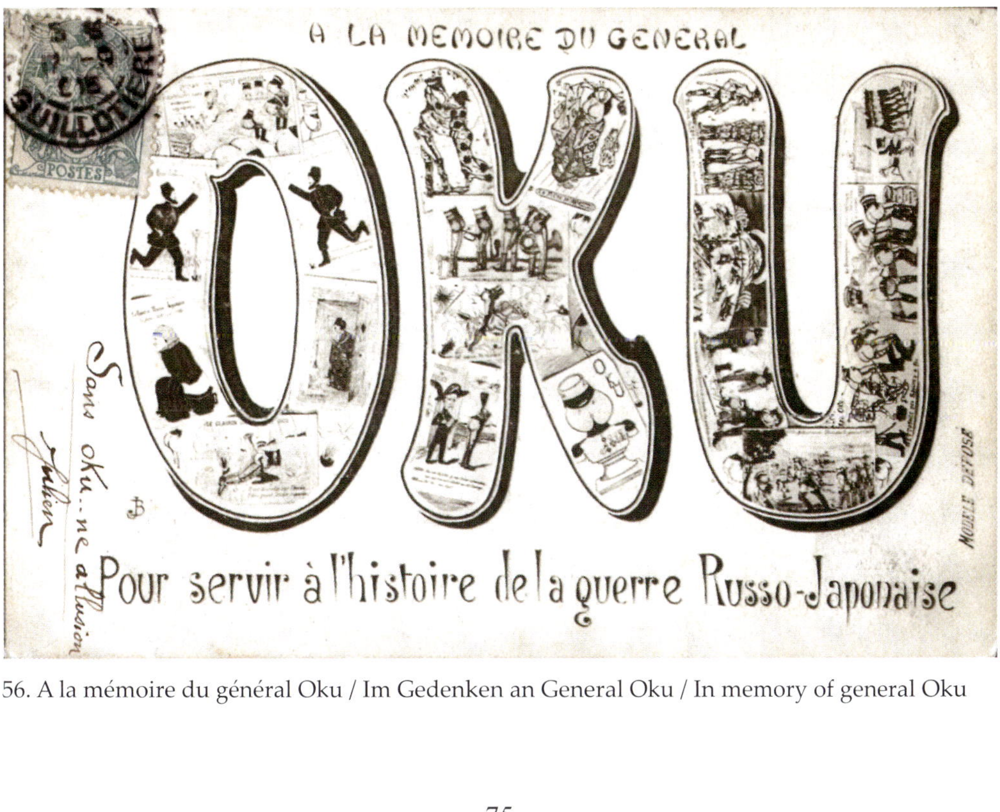

56. A la mémoire du général Oku / Im Gedenken an General Oku / In memory of general Oku

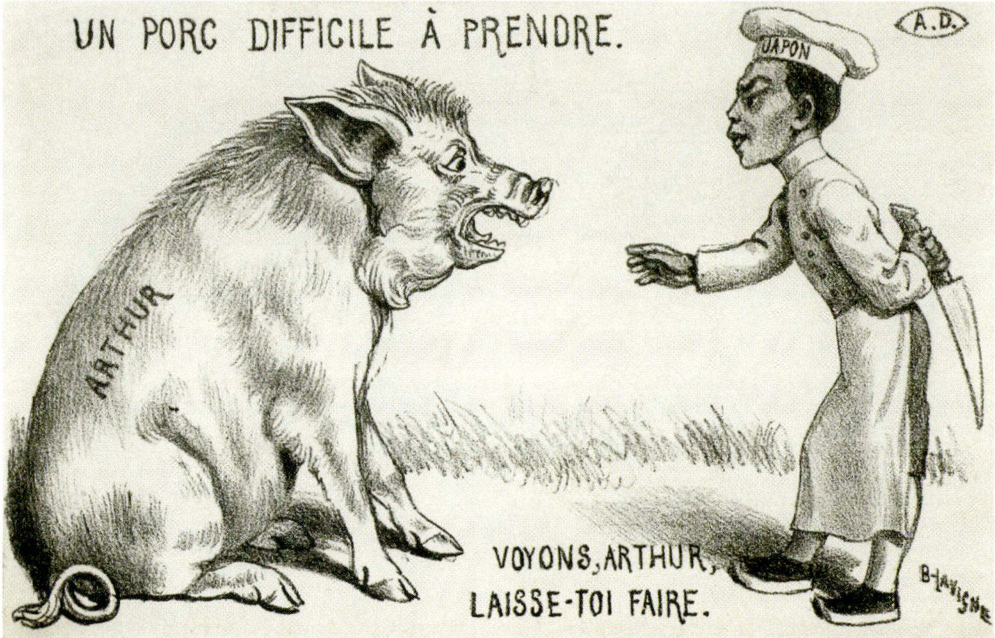

57. Un porc difficile à prendre / Ein Schwein, das sich nur schwer fassen lässt / A pig difficult to seize

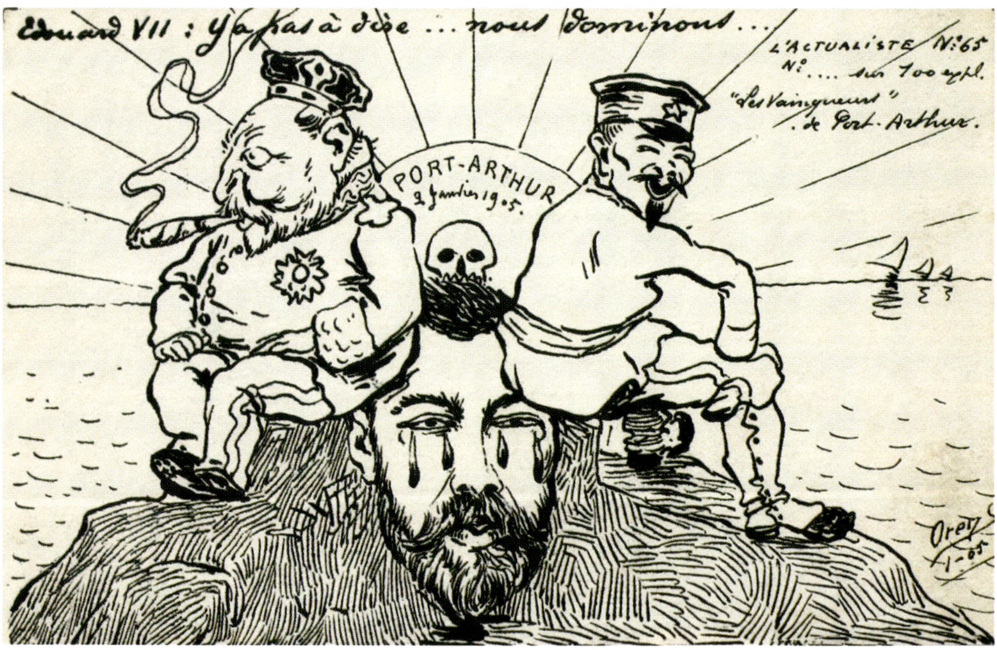

58. Edward VII: „Y'a pas à dire....nous dominons / Edward VII: Nein, wirklich, kein Zweifel…. wir dominieren!" / Edward VII: „Really, no doubt … We dominate!"

59. Consolation / Trost / Comfort

60. Comment on écrit l'histoire / Wie man Geschichte schreibt / How history is written

[Tenno Meiji's Kampf gegen Zar Nikolaus II / Tenno Meiji's fight against tsar Nicholas II]
61. 2. L'attaque / Die Attacke / The attack

62. 3. La lutte / Der Kampf / The fight

63. Prends garde au fouet, petit! / Nimm dich vor der Peitsche in Acht, Kleiner! / Beware of the whip, little fellow!

64. Japo...niaiseries / Japo...naiseriechen / Japo...knick-knacks

65. Contre le Péril Jaune! / Gegen die Gelbe Gefahr! / Against the Yellow Peril!

66. Le Péril Blanc / Die weiße Gefahr / The White Peril

67. Le Conflit Russo-Japonais /
Der russisch-japanische Konflikt /
The Russo-Japanese conflict

68. Le Conflit Russo-Japonais /
Der russisch-japanische Konflikt /
The Russo-Japanese conflict

69. Le petit Japon nait / Das kleine Japan wird geboren / Little Japan is born

70. Le pantin / Hampelmann / The puppet

71. Il ne faut pas vendre la peau de l' ours avant de l'avoir tué / Man soll das Fell des Bären nicht verkaufen, ehe man ihn erlegt hat / You should never sell the skin of the bear before you have killed it

72. L'agonie Russe / Die Agonie Russlands / Russia's agony

[Briefmarkenkrieg / War of stamps]

73. [Japanischer und russischer Soldat kämpfen um koreanische Briefmarke / Japanese and Russian soldier fight for Korean stamp]

74. [Japanischer Soldat zerschneidet Telegraphenleitung / Japanese soldier cuts through the telegraph wire]

75. [Russischer Soldat bedroht japanischen Soldaten / Russian soldier threatens Japanese soldier]

76. [Japanischer Soldat gibt russischem Soldaten einen Fußtritt / Japanese soldier kicks Russian soldier]

Oeufs brouillés / Eierspeise / Scrambled eggs

77. 1. Face à face / Von Angesicht zu Angesicht / Face to face

78. 3. Feu à volonté! / Feuert, soviel ihr wollt! / Fire as much as you like!

79. 4. Corps à corps / Nahkampf / Hand-to-hand combat

80. 5. Après la bataille / Nach der Schlacht / After the battle

[Kampf dreier Kavaliere um eine Dame / Three cavaliers fight for a lady]

81. 2. [China umarmt Korea / China embraces Korea]

82. 3. [Japan umgarnt Korea / Japan woos Korea]

83. 5. [Japan und Russland prügeln sich / Japan and Russia fight each other]

Der Russisch-Japanische Krieg / The Russo-Japanese War
84. [Der russische Bär greift nach Korea / The Russian bear reaches out for Korea]

85. [Japanischer Soldat steckt Port Arthur in seine Tasche / Japanese Soldier puts Port Arthur into his bag]

86. „Trotz der schon erhalt'nen Wunden, thut man sich noch weiterschunden" / „Despite the damage done, the fighting goes on and on"

[Das ungezogene Kind Japan / Japan, the naughty child]
87. [Klein-Japan versucht Ball Port Arthur zu erreichen / Little Japan tries to catch the ball named Port Arthur]

88. [Väterchen Russland neckt Klein-Japan mit Topf mit Aufschrift Port Arthur / Father Russia teases little Japan with a pot named Port Arthur]

89. [Väterchen Russland steht vor Kiste Port Arthur und beruhigt Klein-Japan / Father Russia stands before a chest named Port Arthur and pacifies little Japan]

90. [Väterchen Russland versinkt bei Port Arthur ins Meer, Klein-Japan schwimmt davon / Father Russia drowns in the Sea near Port Arthur, little Japan swims away]

[Die klägliche russische Armee / The pitiful Russian army]

91. [Schlafender russischer Posten merkt japanischen Soldaten nicht, der sich nähert / Sleeping Russian soldier does not notice approaching Japanese soldier]

92. [Betrunkener russischer Soldat sieht, wie sich japanische Schiffe Wladiwostok nähern / Drunken Russian soldier sees Japanese ships approaching Vladivostok].

93. [Ins Meer gefallener russischer Soldat hält sich an Korea fest / Russian soldier fallen into the sea clings to Korea]

Russisch-Japanischer Krieg /
Russo-Japanese War

94. [Russischer Soldat hält seinem Pferd japanische Militärpuppe vor Augen, um es anzuspornen / Russian soldier holds Japanese military puppet in front of his horse to spur it on]

95. [Marionettenfiguren Russlands und Japans / Marionettes of Russia and Japan]

96. Der Japaner verzehrt Russen /
The Japanese devours ‚Russians'

97. Der Russe verzehrt „Ja-Baner" /
The Russian devours ‚Japanese'

98. Verfluchte Fliege / Damned fly

99. [Russischer und japanischer Soldat / Russian and Japanese soldier]

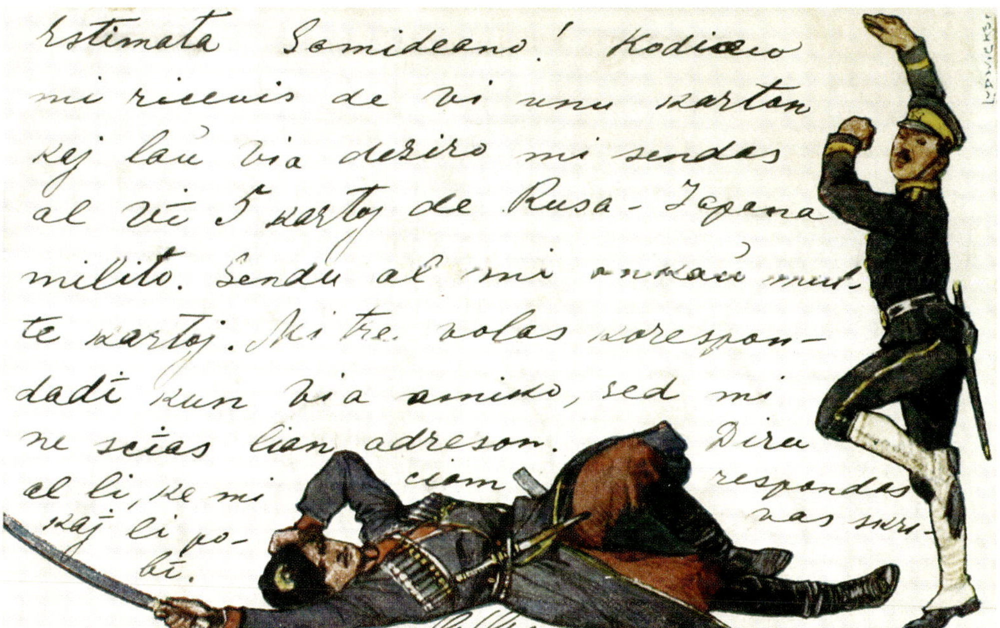

100. Le messager de paix /
Der Friedensbotschafter /
The messenger of peace

101. Roosevelt: Assez! Enough!
Genug!

102. L'arbitre de la paix / Der Schiedsrichter des Friedens / The arbiter of peace

103. Fin d'une Tragédie – Roosevelt: Enfin! / Ende einer Tragödie – Roosevelt: „Endlich!" / End of a tragedy – Roosevelt: "At last!"

104. [Friedensvertrag als Valentinsgeschenk / The peace treaty as a Valentine present]

105. La Paix: „Et à nous, qui nous remboursera?!..." / Der Frieden: „Und uns, wer wird uns alles zurückgeben?!..." / Peace: „And who will reimburse us?!..."

Der gelbe Affe Japan
Der Kampf um Tsingtao
23.8 1914 - 7.11.1914

Japan, the yellow monkey
The fight for Tsingtao

106. Japanisches Ultimatum. Deutschlands Antwort / Japanese ultimatum. Germany's answer

107. Das japanische Ultimatum / The Japanese ultimatum

108. Der Weltkrieg. Achte Kriegserklärung / The World War. The eighth war declaration

109. Ich sei, gewährt mir die Schande, der Achte in Eurer Bande! / Please give me the dishonour to be the eighth in your gang!

110. Japans Ultimatum an Deutschland / Japan's ultimatum towards Germany

111. Der gemeine gelbe Schweinsaffe / The nasty yellow pig-monkey

112. Ich klau' Kiautschau / I 'll steal Kiautschau

113. Schuft No. 7 / Villain no. 7

114. Ein sauberes Bündnis / A fine alliance

115. Der Engländer und sein Japaner / The Englishman and his Japanese

116. Jeder Klapps ein Japs / Every slap a Jap

117. Deutsche Prügelsuppe / German whipping soup

118. [Deutschland besiegt die Alliierten / Germany beats the Allies]

119. [Deutscher Löwenmut / German lion's courage]

120. [Germanias Kampf gegen die Bestien / Germania's fight against the beasts]

121. 2 gegen 7. Hurra! wir wer'n das Ding schon schieben / 2 against 7. Hooray! We will make it!

122. Deutschland über alles / Germany above all

123. Les femmes alliées soldats: Japon / Die weiblichen alliierten Soldaten: Japan / The allied female soldiers: Japan

124. Les hymnes nationaux / Die Nationalhymnen / The national anthems

125. Infanterie Japonaise / Japanische Infanterie / Japanese infantry

126. Les soldats du droit / Soldiers of justice and right / Soldaten der Gerechtigkeit

127. Le Japonais / The Japanese / Der Japaner

128. Pour une fois, sais-tu, que c'est seulement par eau que l'on va en Angleterre / Jetzt wisst ihr es wohl ein für alle Mal, nach England kommt man nur übers Wasser! / Now you know it once and for all, you can go to England only across the water!

129. Kiao Ciao / Kiaochow

130. Notre ami Jap s'en met aussi / Jetzt macht unser Freund Japan auch mit / Our friend Japan is also joining now

131. Entente cordiale / Das herzliche Bündnis / The cordial entente

132. Jap's great brother / Japans großer Bruder

133. Il nuovo incubo di Guglielmone / Der neue Albtraum Wilhelms / The new nightmare of William II

134. La fine di un sogno / La fin d'un rêve / Das Ende eines Traumes / End of a dream

135. Comment on le traite! A la Japonaise. Un peu de jiujitsu / Wie man ihn behandelt! A la Japonaise. Ein bisschen Jiu-jitsu / How one treats him. A la Japonaise. A little bit of Jiu-Jitsu

136. La vittoria gialla / La victoire jaune / Der gelbe Sieg / The yellow victory

Kampf dem japanischen Imperialismus!
Japan und die Sowjetunion
1938 – 1939

Fight Japanese imperialism!
Japan and the Soviet-Union

137. [Japanischer Soldat reitet durch Sibirien / Japanese soldier riding through Siberia]

138. [Sowjetsoldat vertreibt Imperialisten / Soviet soldier expels the imperialists]

Он будет помнить этот день.
Он не забудет эту тень.

139. [Der unheimliche Schatten / The eerie shadow]

140. [Die verhinderten Eindringlinge / The unsuccessful invaders]

141. [Der abgeschmetterte Angriff / The repulsed attack]

„Пословица такая: „Мальбрук в поход собрался" и дальше идет соответствующая рифма... Чтобы не было недоразумений и кривотолков, я поясню: это значит, что Мальбрук в поход собрался и умер от расстройства желудка. Так было с теми японскими офицерами, которые, как это видно из речи товарища Ворошилова, оставили после смерти некоторые свои записи".

(Из речи Л. М. Кагановича на XVIII съезде ВКП(б)

142. [Der imperialistische General rennt um sein Leben / The imperialist general runs for his life]

143. [Japanischer Feldzug gegen Sowjetrussland in vier Bildern / Japanese campaign against the Soviet-Union in four pictures]

We'll blow the Jap off the map!
Der Pazifische Krieg
7.12.1941-15.8.1945

The Pacific War

144. [Der Dreipakt besiegt den britischen Löwen / The Tripartite Pact wins over the British lion]

145. [Der Dreipakt stürzt Großbritannien ins Meer / The Tripartite Pact pushes Great Britain into the sea]

146. [Dreipakt als Samurai / The Tripartite Pact as samurai]

147. [Untergang Großbritanniens und der USA / The fall of Great Britain and the USA]

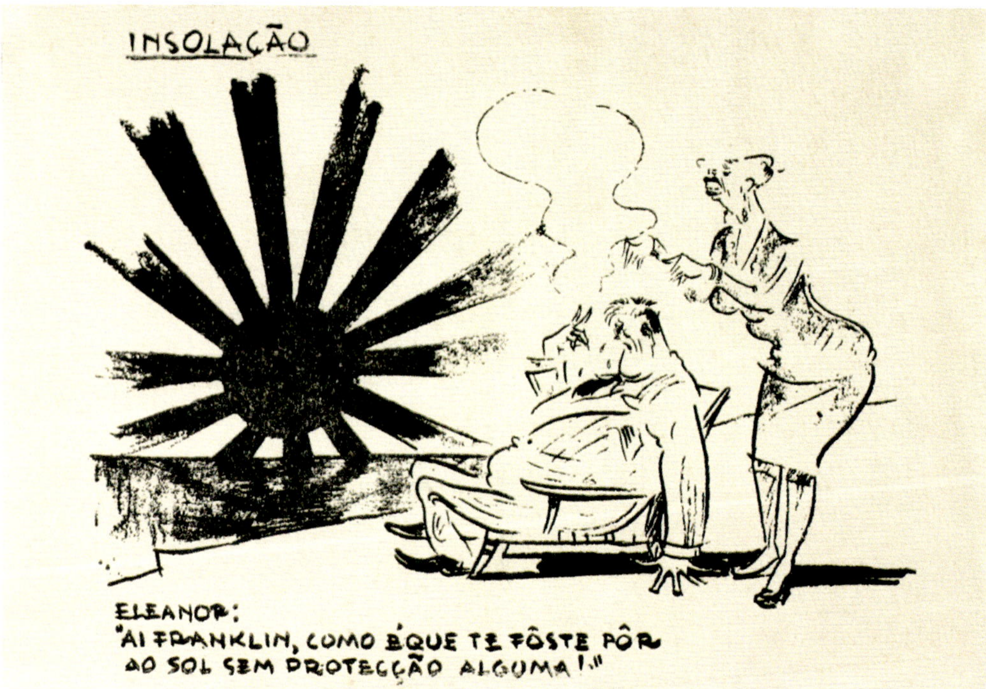

148. Insolacao / Sonnenstich / Sun stroke

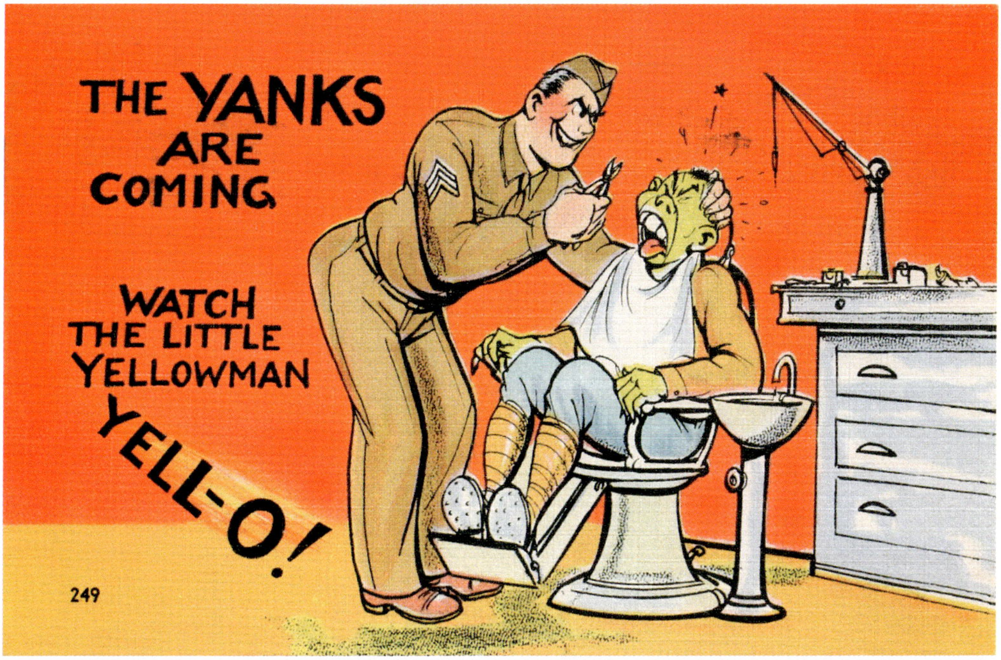

149. The Yanks are coming / Die Yankees kommen

150. Boy! Will we land them Japs on their axis! / Mensch, wie werden wir die Japse auf ihre Ärsche setzen!

151. Hurrah, a letter. Now watch me slap those Japs / Hurra, ein Brief. Nun schaut mir zu, wie ich die Japsen verprügeln werde!

152. Life in the marines is tough – but I'm making a good stab at it! / Das Leben in der Marine ist hart, aber ich mach das Beste daraus!

153. Out on a limb, eh? / Du bist in einer gefährlichen Lage, was?

154. Those Japs will soon be slap-happy! / Diese Japsen werden bald glücklich geschlagen sein!

155. Greetings from U.S. to U / Grüße von uns (von den U. S.) an euch

156. We are giving these yellow bellied Japs what's comin' them – and how! / Wir geben diesen gelbbäuchigen Japsen, was ihnen gebührt – und wie!

157. Putting the heel in the right place! / Wir setzen unsere Ferse auf den richtigen Fleck!

158. Two of a kind! / Zwei derselben Art!

159. We'll blow the Jap off the map! / Wir werden den Japs von der Landkarte schießen! / zusammenschlagen!

160. "Slap the Jap off the map" / Schlag den Japs zusammen

161. You tellum, soldier boy! / Du wirst es ihnen zeigen, Soldatenjunge!

162. Go to it, soldier boy! / Los und drauf, Soldatenjunge!

163. Weather report: hot in lower regions following heavy reign! / Wettervorhersage: Heiß in den Niederungen und danach schwere Regengüsse/Herrschaft!

164. Keep 'em flying! / Schau, dass sie nicht auf den Boden kommen!

165. Waiting for th' Japanee sandman! / Warten auf das japanische Sandmännchen!

166. But Sir! It saves ammunition – / Aber Herr Feldwebel, das spart Munition!

167. Hunting license / Jagderlaubnis

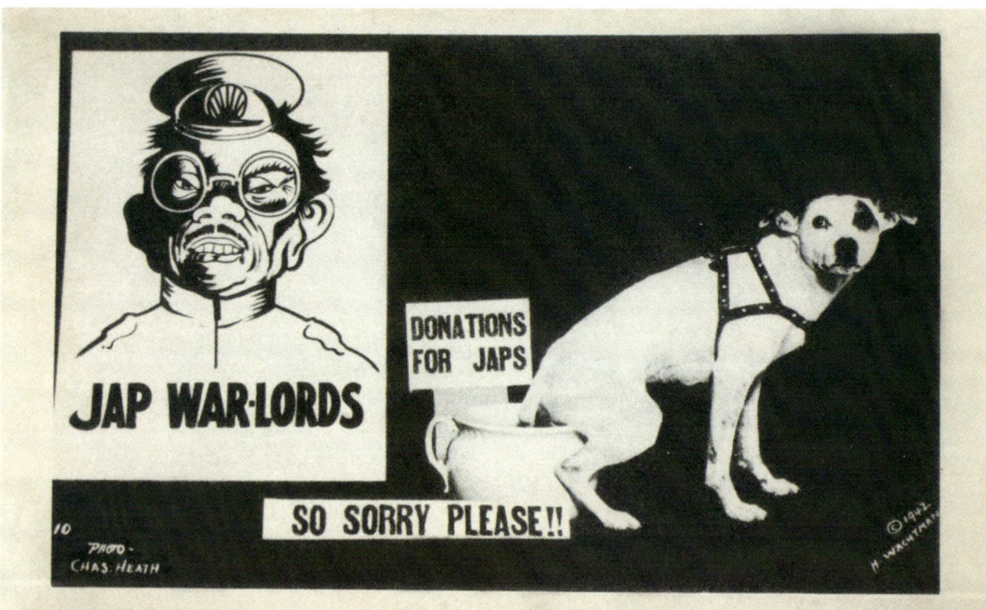

168. Jap war-lords / Die Japsen Kriegsherren

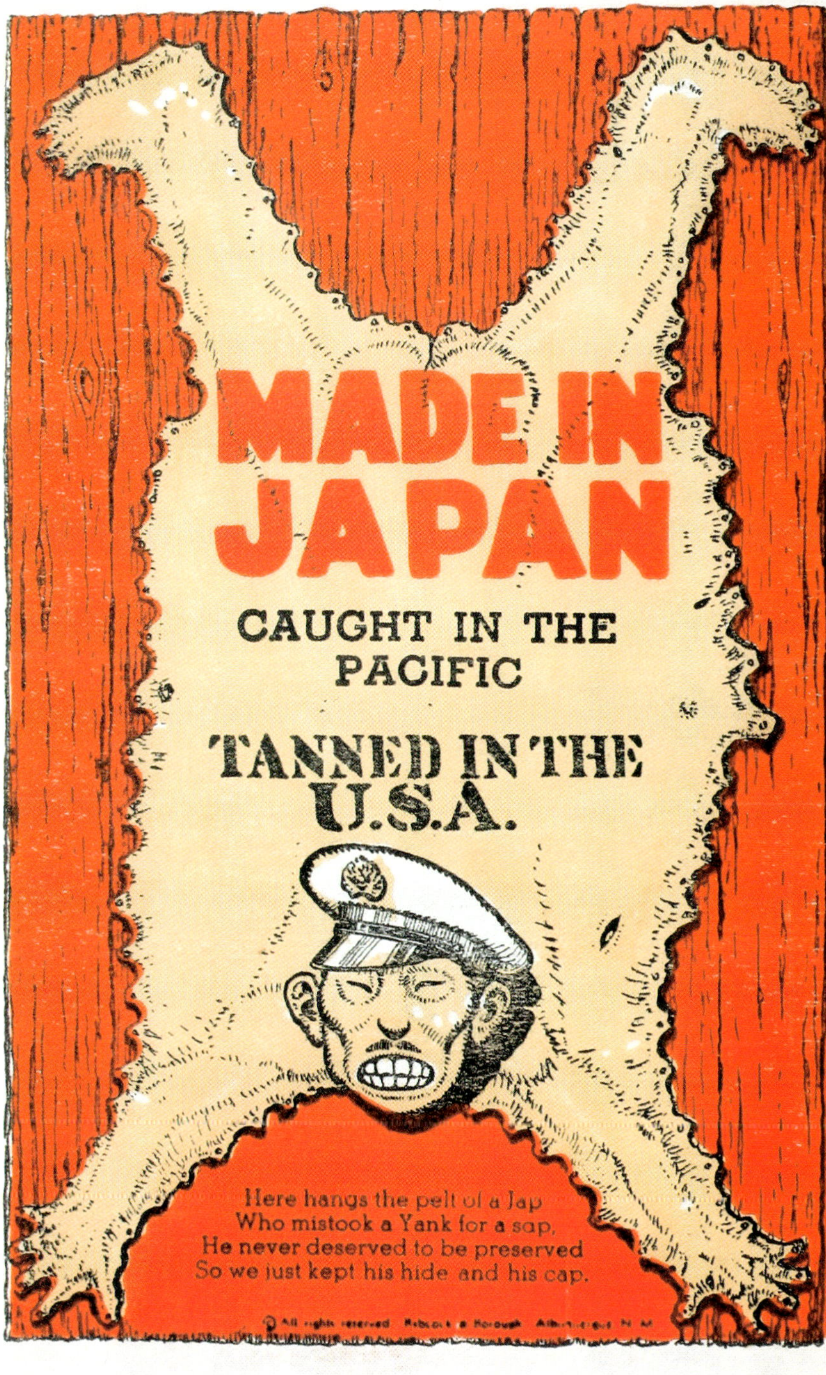

169. Made in Japan / Hergestellt in Japan

170. Setting the rising "sun"! /
Die aufsteigende „Sonne" setzen!

171. Remember Pearl Harbor! /
Vergiss mir Pearl Harbor nicht!

172. Blackout of the rising sun / Verdunkelung für die aufgehende Sonne

173. The bird for the job! / Der richtige Vogel für diese Aufgabe!

174. Slam the Axis postcards / Zerschlagt die Achsenmächte-Ansichtskarten

175. Fortune teller / Wahrsager

176. A royal flush! / Eine königliche Spülung!

177. „Look! Uncle Sam made monkeys of 'em" / „Schau, Uncle Sam hat sie zu Affen gemacht".

178. Unconditional surrender! / Bedingungslose Kapitulation!

179. O wa ta na siam.

180. [Long distance call between Hitler, Mussolini and Hirohito / Ferngespräche zwischen Hitler, Mussolini und Hirohito]

181. Wanted. Big reward offered / Gesucht. Hohe Belohnung

182. We're really going to set 'em on their axis! / Wir werden sie wirklich auf ihre Ärsche setzen!

183. No pork until these pigs are killed / Kein Schweinefleisch bis diese Schweine tot sind

184. Ready for the dumps! / Bereit für den Müll!

185. The unholy three /
Die unheiligen Drei

186. Three of a kind /
Drei der gleichen Art

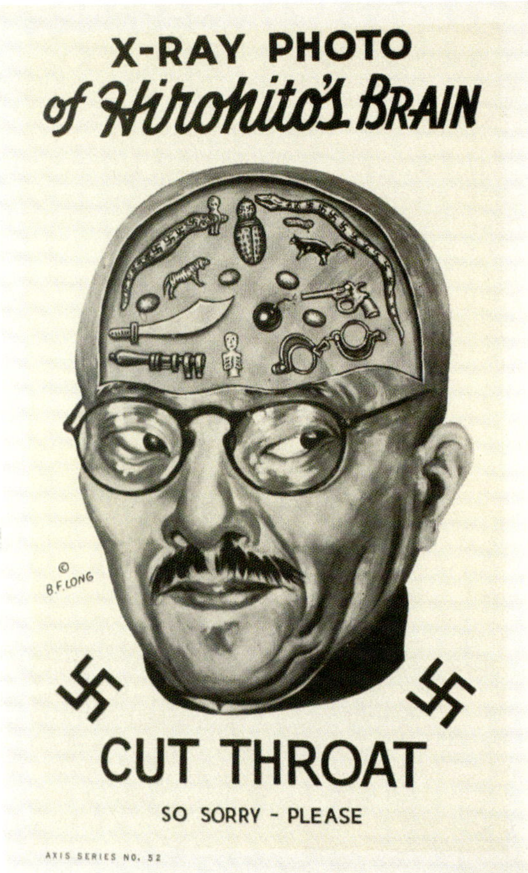

187. X-ray photo of Hirohito's brain / Röntgenaufnahme von Hirohitos Gehirn

188. Bundles for Hirohito / Pakete für Hirohito

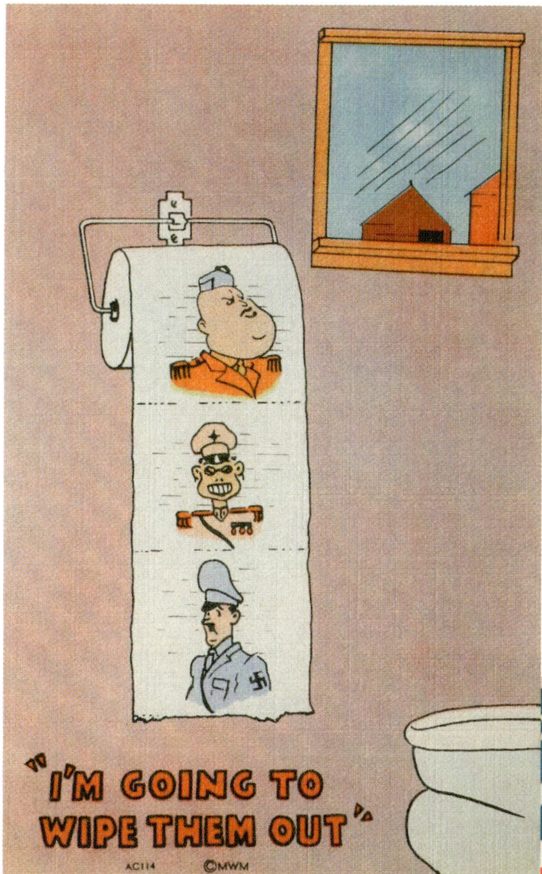

189. „I'm going to wipe them out" /
„Ich werde sie wegwischen"

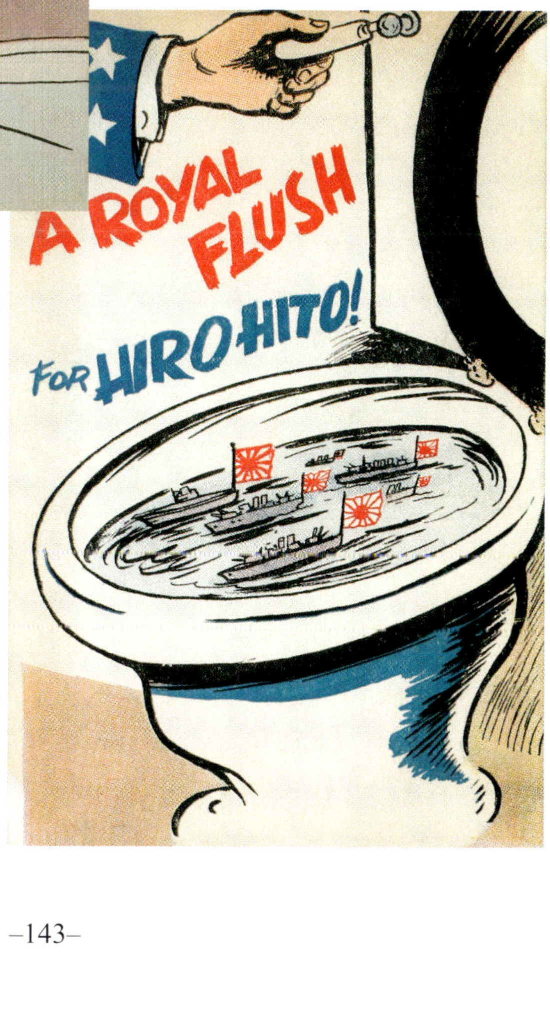

190. A royal flush for Hirohito! / Eine königliche Spülung für Hirohito!

191. Ook Japan capituleert / Auch Japan kapituliert / Japan surrenders, too

III

"Dainty Japanese" or Yellow Peril? Western War-Postcards 1900 – 1945

At the turn of the 19th to the 20th century, a friendly picture of Japan was predominant in Western countries. Japan was considered one of the last paradises of mankind, and it was immensely influential on popular and high culture in the West, as expressed in the terms Japonaiserie and Japonism. The West was confronted with a new aesthetic, and offered an abundance of new forms in many areas.

But Japan was not as peaceful and lovely a country as Western notions about the islands in East Asia were led to assume. After the forced opening of Japan in 1854, Japan tried as quickly as possible and with all means to catch up with the leading Western nations in order to also become one of the great imperial powers. In 1876 it already imitated American gunboat policy, attacking its little neighbour Korea, where it tried to gain a stronghold, and in 1894/95 it won its first modern war against its gigantic neighbour China. When the Boxer Uprising occurred in China and the imperial powers dispatched a punitive expedition to China, Japan sent the greatest number of troops of all. Although all this did not remain unnoticed in the West, the real sensation occurred when Japan declared war on its neighbour Russia and actually won it. This victory promoted the idea of a Yellow Peril originating in East Asia that was principally directed against the West. In 1914 Japan declared war on Germany in order to gain control over the German colonies in East Asia and in the Pacific. When World War I was over, Japan pretended, together with some Western nations, that it had to save Western interests in Siberia against the Red Revolutionary Army, and invaded Siberia. Peace with the new Soviet Union was achieved only in 1925. In 1931, after several minor attacks, the Japanese Kwantung Army began its conquest of all Manchuria, and established a Japanese puppet state there. The war with China started only six years later and was not to end before 1945. In the summers of 1938 and 1939 the Japanese army clashed with the Soviet army and experienced its first defeats, which were kept secret from the Japanese people. The most spectacular aggressive act was of course the surprise attack on the US Navy in Pearl Harbor, Hawaii, which opened the nearly four-year war against the Western colonial powers in Asia: the USA, Great Britain, France and the Netherlands. This means that the Japanese had declared war on all major Western powers within the 40 years from 1904 to 1945.

Needless to say, these events changed the image of Japan considerably. The most important pictorial mass medium in a time without TV was the picture postcard, which to a considerable degree was responsible for creating the image of Japan. The invention of this new medium shortly before the close of the 19th century immediately led to an international craze. Everything that the human mind could possibly imagine was printed on picture postcards: Tourist sites, beautiful women and silly jokes, suggestive situations and curiosities, famous people and cute animals. People began to collect and to exchange their cards internationally, and publishers reacted by pouring more and more cards onto the market, many of them in series of five, six, ten or even more different cards.

Japan's wars were also soon to be found on postcards, both on cards printed in Japan as well as in the West. In addition to cards that described battles on land and on the sea, many cards provide opinions about the combatant nations. They are thus important evidence for the dominating stereotypes of Japan held by other nations during this period. During the Russo-Japanese War, Great Britain, which had been an ally of Japan since 1902, issued many cards that were very friendly towards Japan. British postcards depicted Japan as a young and keen nation fighting for a just cause, whereas cards from France, which sided with Russia, depicted Japan as a megalomaniac and atrocious nation. Ten years later, the image of Japan is worst on German cards, which see Japan as ungrateful and treacherous, while on the cards from France, Italy, and Great Britain, Japan is depicted unreservedly in a positive way. Japan was one of the menacing capitalist and imperialist enemies for the new Soviet Union, and it is shown as such on the Soviet propaganda cards printed during the Soviet Union's first war in East Asia in 1938/39. During World War II, Japan is praised for its military strength on a few German and Italian cards, but not surprisingly it is excoriated on a flood of American postcards designed to enhance the morale of its fighting troops and of the American citizens in general. In this 'war without mercy' (John Dower), the most negative attributes one can think of are assigned to the Japanese and to Tenno Hirohito.

The 191 postcards introduced in this book and arranged chronologically in five chapters form only a small sample of many similar cards, the exact number of which will never be known. However, I believe that they are representative of all the cards that were printed insofar as they provide us with every traditional stereotype of Japan: the samurai fighting spirit and unlimited bravery but also deceitfulness, trickiness and beastliness. Each nation makes use of good or bad stereotypes, depending upon whether it is Japan's ally or enemy.

The cards also show various developments: the contents of the cards vary from an often witty treatment of the belligerent nations, especially in France with its extraordinary tradition of caricature, to pure propaganda making use of the vilest means to humiliate the enemy. Stylistic changes are also obvious. While the early cards portray caricatures appealing to the intellect and pictures with aesthetic aims, from World War I onwards, comic-like postcards intent on denouncing the enemy have established themselves. Postcards published during World War II in the US, with their lurid colours, constitute the culmination of this tendency.

The author hopes that this book can make a small contribution to exposing the existence of national stereotypes within ourselves, and how it is possible for them to be manipulated by political leaders and the media ad libitum, if it suits their means.

How to read the descriptions

All cards in this book are from the author's collection. The descriptions are given in the following order:
Title (if no title is given, a fictitious title is put into brackets [ ]
Series
Country of origin in abbreviations, namely
A for Austria-Hungary
B for Belgium
CH for Switzerland
D for Germany
F for France
GB for Great Britain
I for Italy
NL for the Netherlands
R for Russia
S for Sweden
SU for the Soviet Union
US for the USA
Publisher
Place of publication
Date of publication
Postmark
Artist's signature
Card in colour (F) or in black-and-white (SW)

Text on the card
Description of the picture
Commentary

Texts in languages other than English are followed by an English translation in brackets () after the original text. If some of the data mentioned here do not appear on the card, no special mention is made. Uncertainties are indicated with a question mark (?).

PRELUDE AND A BASIC THEME KIAOCHOW, THE BOXER UPRISING AND THE YELLOW PERIL 1898 – 1900

1. *Gruss aus Kiao-Tschau* / Greetings from Kiaochow. D: Lith. Anst. Val Sachs, Darmstadt, 16.4.1898 (F). The arrogant posture of the German who uses the Chinese as a chair or as a writing desk is remarkable.
2. *Gruss aus Kiautschau* / Greetings From Kiaochow. D: 31.12.1898 (F). The German sailor enjoys the favours of the Chinese women, while the Chinese men in the background are outraged.
3. *1. Wie Schulze nach China zog 2. und wie er aus China zurückkam* / 1. How Schulze went to China 2. And how he came back from China. D: W (F). Postcard concerning the Boxer Uprising: The German soldiers punish the Chinese and come back to Germany with pretty Chinese women in Japanese dress as war booty.
4. *Der Sieger im Reich der Mitte* / The winner in the Chinese Empire. D: A. Sala, Berlin SW (F). Postcard about the Boxer Uprising. The Chinese women caught as loot are a mixture of European and Japanese women.

   La guerre amusante / The Amusing War. Series of six cards about the Boxer Uprising. M. Raschka (F). Raschka is the well-known Viennese artist Raphael Kirchner. The lady on the six cards is supposed to represent China, but she looks like a Japanese woman.
5. *Spionage* / Espionage. A blond soldier looks behind a screen, where a Japanese/Chinese woman is washing herself.
6. *Attaque* / Attack. A Western sailor on a pier salutes a Japanese/Chinese woman passing by.
7. *Bombardement* / Bombardment. Westener throws a rose over a wall on a Japanese/Chinese woman running away.
8. *Victoire* / Victory. Western soldier kisses a Japanese/Chinese woman standing on a meadow.

9. *Capitulation* / Surrender. Japanese/Chinese woman opens the door of her house to welcome a Western sailor.
10. *Paix* / Peace. Five soldiers in different uniforms, one of them a Japanese, drink champagne with a Japanese/Chinese lady.
11. *De Chineesche draak tot den Stier Europa* / The Chinese Dragon against the Bull Europe. NL: AR (F). The Chinese dragon and the bull Europe on a map of China. "*Hoor'es, beestje, jij ziet er wel erg goedig uit, maar ik vertrouwje voor geen halve cent* (Listen, you beast, now you are looking very friendly again, but I do not trust you at all)".
12. *De "Ijzeren" contra de "Gele vuist" – Klein Duimje en de Reus* / The "Iron Man" against the "Yellow Fist" – Little Tom Thumb and the giant. NL: AR (F). Tall Chinese shakes his right fist at a tiny Emperor William II, whom he holds in his left hand. William has a sack with the inscription Kiau-Tsjau (Kiaochow) hanging from his shoulder.
13. [Die gelbe Hydra / The yellow hydra]. F: (SW). The white nations are sitting on Europe's (?) hat, so that they can't see the Yellow Peril below them which is represented by a hydra.
14. *Japon* / Japan. F: P. L., Paris (SW). Japan is represented as <u>the</u> dangerous Mongol, as the Yellow Peril *per se*.
15. *Le Péril Jaune: Réveil général* / The Yellow Peril: general awakening. Postcard from a series about the Yellow Peril. F: T. Bianco (F). An countless number of yellow men stream out of the celestial empire towards several beds, in which the heads of several European states like Edward II, William II etc. are just about to awake. Probably referring to the Boxer Uprising.
16. *Le grand duel jaune et blanc* / The great duel between yellow and white. F: T. Bianco (F). Emperor Meiji is wrestling with the Russian bear, who has incorporated Korea and Manchuria. In the background the heads of state of the USA, Great Britain, Germany and France.
17. *Vers l'Extrême-Orient* / Towards The Far East! F: Collection M. Renard, M. Renard (F). Europe's heads of states as bats accompany the figure of death to East Asia. Symbolic depiction of the punitive expedition against China because of the Boxer Uprising.
18. *Europe – Asie – L'Avenir* / Europe – Asia – The future. F: (F). While on the left side the ship 'Europe' is sinking, the Chinese dragon and the Japanese sun represent the future.
19. *Chiens d'Occident montrent les dents* / The Western dogs show their teeth. Série 684. F: Raphael Tuck & Fils, Editeurs, Paris. M. H. Tyler (F).
20. *Le Gateau Chinois* / The Chinese cake. F: Édition Française (A. M. L.), Paris (SW). Germany's Emperor William II, France's President Loubet, the Russian Tsar Nicholas II, the Mikado, the American President Roosevelt and the English

King Edward VII try to get as large a piece as possible from the Chinese cake, consisting of China, Manchuria and Korea.

David against Goliath
The Russo-Japanese War
9.2.1904 – 5.9.1905

[Japanese youth wrestles with Russian] Series of six cards. GB: 11.7.1904, Sinclair (F).

21. 1: (Mr. Bear) "*Go away I don't want to wrestle I'm not in training.*"
22. 5: (Mr. Bear) "*I don't like this sort of thing from such a youngster.*"
23. 6: (Jap) "*Your size and weight don't count in my style of wrestling.*"
    Jap the giant killer. Series no. 762 of six postcards on the Russo-Japanese War. GB: Raphael Tuck & Sons "Oilette", G. E. Shepheard (F). This series was also published in F (Series 545, Rafael Tuck et fils, Paris), D and NL.
24. *Making him "sit-up"*. GB: 21.3.1905. Japanese sailor with whip as animal trainer and Russian dancing bear in uniform on his hind legs.
25. *David et* Goliath / David and Goliath. F. Dwarf-like Japanese threatens giant-like Russian with his bayonet.
26. *Een welverdiende rust* / A well deserved rest. NL. Japanese sailor sits on a cannonball, while in the background Russian ships are sinking.
    Three cards from series no. 109 of six cards. GB: F. C. M. & Co. (F).
27. 3. *Jap: "You are standing on my corn, Sir!".*
28. 4. *Russ: "Well, what if I am?".*
29. 5. *Japan: "Oh, nothing, only I'm afraid you wont stop there long."* The Japanese soldier kicks the Russian soldier away.
30. *Making him dance.* Series 3015. GB: Davidson Bros., Dudley Hardy (F). The Russian bear is forced to dance according to the Japanese whip.
31. *Stuck.* Series 3015. GB: Davidson Bros., Dudley Hardy (F). The Russian bear climbs up a post until he can climb no further. Down below a Japanese soldier is waiting for him.
32. *Clipping his claws.* No. 5 of C. C. Series 314. GB: AR (F). The Russian bear lies on his back, holding his legs up, while a Japanese soldier stands with his left foot on his belly. In his right hand he holds a pair of scissors to cut off the bear's claws.
33. *There's going to be some fun boys, old Japan is making the feathers fly.* Series 149/2. GB: W. & A. K. Johnston Limited, Edinburgh & London. (F).The Russo-Japanese War as a cockfight. France, China, the USA and Great Britain are watching with great interest.
34. *Clever little Jap.* Series 4235. GB: S. Hildesheimer & Co., Ltd., London & Manchester, Ellam (F). Japanese woman is showing a balancing act, a Russian is watching.

35. *Jappy, "rushing" him everywhere.* Series 4235. GB: S. Hildesheimer & Co., Ltd., London & Manchester, Ellam (F). Japanese in kimono with national flag and fan sits on the shoulders of a Russian sailor and orders him about.
36. *Le Rêve* / The dream. Series no. 102. F: Z. T. N. Paris, 11.7.1904, G. Bigot (F). Japanese soldier stands on a globe above the Empire d'Asie (Asian Empire). The globe drifts in the sea, together with many skulls. Blood is dripping from the soldier's sword onto the globe and into the sea. In the background the sun, symbol of Japan, is rising.
37. [David and Goliath]. R: G. Bigot (F). A giant-like Russian soldier shakes a little Japanese soldier about and destroys his dreams of becoming a world power.
38. [Korea's subjugation]. R: G. Bigot (F). Japanese soldier marches with a Chinese soldier, whom he drags by his pig-tail, over a Korean lying on the ground. A Russian soldier is watching from afar.
39. [England pushes Japan to attack Russia]. R: G. Bigot (F). An Englishman with a helmet for the tropic pushes a Japanese soldier, who draws his sword against a Russian soldier, who looks bewildered. Uncle Sam smokes a pipe and watches approvingly.
40. [Russia and Japan court Manchuria]. Series no. 104, F: Z. T. N. Paris, G. Bigot (F). Japanese soldier grasps a woman, whose dress bears the inscription Manchuria. A Russian soldier is holding his arm around her protectively.
41. *Le Mikado. Empereur du Japon* / The Mikado, Emperor of Japan. F: (19)04, Ch. Laborde (F). The Tenno Meiji in uniform carrying a shield with the pattern of the Japanese flag and a sword dipping with blood.
42. *Le Mikado contemple son oeuvre* / The Mikado contemplates his work. No. 19 of the series L'arc en ciel (Circulation 100 copies). F: Mille (F). Hill 203 with cannonballs and Japanese flag. On foot of the hill innumerable skulls on top of which the Tenno is standing. Inscription: "*L'extermination de sa race* (The extermination of his race)".
43. *Port-Arthur 9 Février 1904* / Port Arthur, February 9, 1904. F: März (19)04, Orens (SW). "*Sa majesté Mutsu Hito empereur du Japon* (His majesty Mutsu Hito, Emperor of Japan)", with a torpedo in his mouth instead of a cigar. On February 9, 1904 the Japanese attacked Port Arthur for the first time.
44. *Mutsu-Hito – Le Soleil Levant* / Mutsuhito, the rising sun. No. 2 of the series Guerre R.J. F: F. J., Paris, Mai (19)05, Orens (F). The sun is rising over the sea in the form of a Japanese flag. In its centre there is a portrait of Emperor Mutsuhito. The sea is red with blood.
45. *Conflit Russo-Japonais* / The Russo-Japanese conflict. F: B. Lavigne (SW). *"Au bout du compte, c'est toujours la Corée qui écope* (Finally, it is always Korea which is loosing)". Tenno Meiji and Tsar Nicholas II are fighting with each other while sitting on Korea.

46. *Championnat international* / International championship. F: B. Lavigne (SW). Tsar Nicholas II, the Hercule of the North, wrestles with Tenno Meiji, the apache of Japan, in an arena named Korea. The heads of states of the Western nations are looking on.
47. [Japan's attack on peace]. F: B. Lavigne (SW). Tenno Meiji tries to push the statue of peace from its pedestal with his head, but Tsar Nicholas II prevents him from doing so.
48. *Le pot de fer et le pot de terre* / The iron pot and the earthen pot. F: C. L. C., H. Muller (F). Russian soldier's head and Japanese soldier's head drawn as pots which clash together. The Japanese pot breaks into pieces.
49. *Coucher de soleil sur la mer jaune* / Sunset over the Yellow Sea. F: (F). A Japanese sailor devours the Russian fleet with his gigantic mouth.
50. *L'ogre d'Orient* / The ogre from the east. F: T. Bianco (F). Red dragon-like ogre in the shape of Japan "spits the yellow (on Korea) in order to devour the white (*Il rend le jaune pour avaler le blanc*)".
51. *Le coup du Pert-Arthur* / The coup of lost Arthur. F: P. L. Paris, Left (F). Father Russia sits on his cannons, smokes a pipe and sips tea. A Japanese sneaks up behind him with a dagger. Uncle Sam and John Bull are applauding. Behind the ships in the background the sun is rising.
52. *Football Asiatique* / Asian football. F: A. D., B. Lavigne (SW). Tenno Meiji with his sabre drawn receives such an enormous kick from a boot that he flies back from the Asian continent to Japan.
53. *Le genéral Oku assurant ses derrières avant la prise de Port-Arthur* / General Oku is protecting his backside before the capture of Port Arthur. F: G. M. Lyon. Signature not legible (SW). Japanese soldiers (arses) march against Port Arthur.
54. *L'artillerie du Général Oku* / The artillery of General Oku. F: (F). Japanese soldiers eat beans and other pulses in order to fart against Port Arthur.
55. *Guerre Russo-Japonaise: Le général. O quel Q* / Russo-Japanese War: The general. O what an arse! F: 1904, Kurof (SW). Japanese soldier holds a big O with Tsar Nicholas II and a big Q with General Kouropatkine (Kropotkin) in each hand, while on his body is written *Quel*. Together this forms the rebus *O Quel Q* (= *Oh, quel cul*!) or O what an arse!.
56. *A la mémoire du général Oku* / In memory of General Oku. F: (SW). "*Pour servir à l'histoire de la guerre Russo-Japonaise* (To serve the history of the Russo-Japanese War)". Within the three letters OKU there are shown 19 picture postcards which make fun of the name Oku.
57. *Un porc difficile à prendre* / A pig difficult to seize. F: A. D., B. Lavigne (SW). The cook Japan with a knife in his hand which he hides behind his back, says to the wild boar Arthur: "*Voyons, Arthur, laisse-toi faire*" ("Come on, Arthur, don't play up so!").

58. *Edward VII: "Y'a pas à dire.... nous dominons... "* / Edward VII: "Really, no doubt ... We dominate!". F: F.J., Januar (19)05, Orens (SW). King Edward VII, smoking a cigar, and Tenno Meiji in a Japanese soldier's uniform sit on the head of the weeping Tsar, who wears a bear skin. They are amazed about the fact that they dominate the war. Behind them the sun is rising. In the centre of the sun there is a skull with the inscription: Port Arthur 2 Janvier 1905 (2 January 1905). On January 2, 1905, the Russians in Port Arthur had to surrender to the Japanese after an almost eleven months' long siege.
59. *Consolation* / Comfort. F: A. D., B. Lavigne (SW). *"Mais, ma chérie, si je ne t'avais pas violée, c'est ce gros cochon-là qui l'aurait fait* (My darling, if I had not raped you, that fat pig over there would have done it". Japanese soldier comforts a Korean lady who holds a broken jug with the inscription "Korea's neutrality" in her hands. A Russian soldier in the background watches the scene.
60. *Comment on écrit l'histoire* / How history is written. F: A. D., B. Lavigne (SW). Tenno Meiji shows a placard with the inscription "Victoire (Victory)" to a group of enthusiastic Japanese. Hidden behind a movable screen several heavily wounded Japanese soldiers are lying.
    [Tenno Meiji's fight against Tsar Nicholas II]. A series of six postcards. F: F. J., February (19)05, Mille (F). The war is interpreted as a conflict between the two heads of state. Several heads of state not directly involved are watching.
61. 2. *L'attaque* / The Attack
62. 3. *La lutte* / The Fight
63. *Prends garde au fouet, petit!* / Beware of the whip, little fellow! F: C. L. C., H. Muller (F). Russian with a whip stands on a pedestal with the inscription Manchuria, while a little Japanese in front of him is threatening him with a gun.
64. *Japo... niaiseries* / Japo... knick-knacks. F: C. L. C., H. Muller (F). Japanese soldier on a fake horse in front of two others. "*C'est le sire de Fich-Tong-Kan qui s'en va t'en guerre... !* (This is the king of Fuck-Off leaving for the war!)".
65. *Contre le Péril Jaune!* / Against the Yellow Peril! F: Februar (19)04, Rostro (SW). Admiral Alexeieff, sitting on a chest, holds in his hand a scroll on which is written *"!Péril Jaune! Japon. Le vrai moyen pour qu'il ne vienne pas chez nous c'est de l'empecher de sortir de chez lui!* (!Yellow Peril! Japan. The real method to guarantee that it will not come to us is to stop it from leaving its country!)".
66. *Le Péril Blanc* / The White Peril. F: Februar (19)04, Rostro (SW). General Terauchi standing on Japan and holding a flag: "*Russie au Nord! France à l'Ouest. America à l'Est. Des Blancs pas trop n'en faut! Il serait temps de nous defendre contre le Péril Blanc!!!!* (Russia in the north! France in the west. Amerika in the east. We do not need so many whites! It is time to defend us against the White Peril!!!!)".
67. *Le Conflit Russo-Japonais* / The Russo-Japanese conflict. F: 1904, Godbert (SW).

Head of a Russian general jumps out of a box. In the background France's Marianne with moneybags.

68. *Le Conflit Russo-Japonais* / The Russo-Japanese conflict. F: 1904, Godbert (SW). Head of a Japanese general jumps out of a box. In the background a Jew with traditional long sideburns and ships and guns in his hands. These two cards try to show that France and the USA give the two opponents Russia and Japan financial backing. The second card has an antisemitic undertone.
69. *Le petit Japon nait* / Little Japan is born. F: B x F 1904, Graubert (F). American Jew is arming Japan.
70. *Le pantin* / The puppet. No. 54 of 70 copies. F: Le Carillon, Laborde (F). Japan as a puppet of the Jewish-American high finance.
71. *Il ne faut pas vendre la peau de l'ours avant de l'avoir tué* / You should never sell the skin of the bear before you have killed it. La Trique No. 10. F: Publication hebdomad d'après originaux de Trick. B.C.I., Paris, Trick (F). The Russian bear lies on the ground, a Japanese woman with a national flag stands on him.
72. *L'agonie Russe* / Russia's agony. No. 28 der Serie L'arc en ciel (2 trim). F: Juli (19)05, Mille (F). Russia as a white lady with a cross in her hands lies on the ground, as a Japanese lady gives her the deathblow with a spear. Behind them the Tsar jumps at the Tenno and tries to strangle him.

    [War of stamps]. A series of more than six cards, E.F.A. 502, GB, US, F: P. L. Paris, 22.3.1904, EMuller (F).
73. [Japanese and Russian soldier fight for Korean stamp]
74. [Japanese soldier cuts through the telegraph wire] with a big pair of scissors, Japanese stamp.
75. [Russian soldier threatens Japanese soldier] with a bayonet, Japanese and Russian stamps.
76. [Japanese soldier kicks Russian soldier] up his arse, Japanese and Russian stamp.

    Oeufs brouillés / Scrambled eggs. Series of five or more cards. F: O. E. P., 8.8.1904, Robert Salles (F). The war between Japan and Russia is belittled by the artist, who draws children fighting each other with eggs.
77. 1. *Face à face* / Face to face
78. 3. *Feu à volonté!* / Fire as much as you like!
79. 4. *Corps à corps* / Hand-to-hand fighting
80. 5. *Après la bataille* / After the battle

    [Three cavaliers fight for a lady]. Series of six cards. D: (F).
81. 2. [China embraces Korea]. In the background Russia and Japan.
82. 3. [Japan woos Korea]. China retreats, Russia is in the background.
83. 5. [Japan and Russia fight each other]. China and Korea retreat.

    Der Russisch-Japanische Krieg / The Russo-Japanese War. Serie. D, also F: Bruno Bürger & Ottilie, Lith. Anst. Leipzig (F).

84. [The Russian bear reaches out for Korea]. The Russian bear with a French cap on his tail reaches out for Korea on a map, while a geisha, symbolizing Japan, tells him: *"Gewiss' ein schöner Länderstrich, doch ohne Schwertstreich geht es nicht* (This is clearly a beautiful country, but without a fight it will not work)". Behind Japan stands England with a warship on her head and says: "Yessss... Allright!"
85. [Japanese Soldier puts Port Arthur into his bag]. *"Japan trägt ein sehr einnehmendes Wesen zur Schau* (Japan unveils a very disarming character)". Japanese soldier stands in the Yellow Sea and collects Russian guns from Port Arthur into a big bag.
86. *"Trotz der schon erhalt'nen Wunden, thut man sich noch weiterschunden"* / "Despite the damage done, the fighting goes on and on". Wounded Russian bear retreats, while France's Marianne in armour helps him. Japan, leaning on a crook, pulls an empty sack, the Japanese public purse, behind her. Behind Japan stands England with a warship in her hands.
   [Japan, the naughty child]. Series of at least ten cards. B: A.G.M (F).
87. [Little Japan tries to catch the ball named Port Arthur]. Mother Russia pulls Japan back. England is watching.
88. [Father Russia teases little Japan with a pot named Port Arthur] which he pulls up and down a wall, and which little Japan tries to catch.
89. [Father Russia stands before a chest named Port Arthur and pacifies little Japan]
90. [Father Russia drowns in the Sea near Port Arthur, little Japan swims away]
   [The pitiful Russian army]. Series of at least seven cards. S: A. B. Oscar E. Kulls Grafiska Konst-Anst., Malmö (F).
91. [Sleeping Russian soldier does not notice approaching Japanese soldier].
92. [Drunken Russian soldier sees Japanese ships approaching Vladivostok].
93. [Russian soldier fallen into the sea clings to Korea]
   Russisch-Japanischer Krieg / Russo-Japanese War. Series of at least ten cards drawn by various artists. A: B(rüder) K(ohn) W(ien) 1 (F).
94. [Russian soldier holds Japanese military puppet in front of his horse to spur it on]. (1)904, Fritz Schönpflug.
95. [Marionettes of Russia and Japan]. (Fritz Schönpflug?). In the background Great Britain and warships.
96. *Der Japaner verzehrt Russen* / The Japanese devours 'Russians'. Ferenchich. In German, salted herrings are called 'Russians'.
97. *Der Russe verzehrt "Ja-Baner"* / The Russian devours 'Japanese'. Ja-Baner, as Japanese are pronounced in Viennese slang, means 'Yes, bones'.
98. *Verfluchte Fliege* / Damned fly. Kober (?). Russian captain tries to brush away the fly 'Japan' from his nose.
99. [Russian and Japanese soldier]. Ludwig Koch. The joke on this card originates

from the fact that the card can be looked at vertically or horizontally, and according to this the position of winner and looser changes.

100. *Le messager de paix* / The messenger of peace. F: Marmonier (F). The Japanese tiger and the Russian bear are involved in a bloody fight in an arena before the eyes of the crowned heads of state of Europe, when a peace dove with the face of the American President Roosevelt with an olive twig descends from heaven.
101. *Roosevelt: Assez! Enough! Genug!* F: T. Bianco (F). The American President Roosevelt joins in the fight between Emperor Meiji and Tsar Nicholas II. The Tsar wears a peg leg with the inscription 'Port Arthur', an armlet with the inscription 'Moukden' and a head bandage with the inscription 'Tsoushima'. In the background there are innumerable skulls with the date 1905.
102. *L'arbitre de la paix* / The arbiter of peace. F: B. C. I., Paris, Nemo (SW). President Roosevelt carries the Tsar and the Tenno as marionettes on a thread.
103. *Fin d'une Tragédie – Roosevelt: Enfin!* / End of a tragedy – Roosevelt: "At last!". F: T. Bianco (F). Tenno Meiji and Tsar Nicholas II dance together, while three Western heads of state are looking on.
104. [The peace agreement as a Valentine present]. US: Adolphe Selige Pub. Co., St. Louis (F). Japanese soldier sits at a table, the draft for a peace agreement before him. Next to him stands a Russian soldier. "*I'm willing to sign a treaty / of love and peace for a year / If you agree, and your heart is free / I'll be your Valentine – dear.*"
105. *La Paix: "Et à nous, qui nous remboursera?!… "* / Peace: "And who will reimburse us?!… "). F: (F). Russian and Japanese skeletons, identifiable by their caps.

Japan, the yellow monkey
The fight for Tsingtao
23.8.1914 – 7.11.1914

106. *Japanisches Ultimatum. Deutschlands Antwort* / Japanese ultimatum. Germany's answer. D: Adam Harth, Mainz (SW). German soldier boots Japanese soldier.
107. *Das japanische Ultimatum* / The Japanese ultimatum. D: Kriegskarte der Lustigen Blätter (Dr. Eysler & Co) Nr. 15, Berlin SW 68 (F). *"Gib her dein Papier… Den unangenehmen Eindruck werden wir gleich verwischen!* (Give me your paper. We will wipe off the awkward impression at once!)".
108. *Der Weltkrieg. Achte Kriegserklärung* / The World War. The eighth war declaration. AFB 25. D: Albert Fink, Berlin W8, HMr (SW). German Michel holds a *"Sammelmappe für Kriegserklärungen* (folder for war declarations)" in his hand. A little Japanese is the eighth nation to declare war on Japan. German commentary: *"Der Letzte, aber der Frechste!* (The last one, but the most impertinent one!)".

109. *Ich sei, gewährt mir die Schande, der Achte in Eurer Bande!* / Please give me the dishonour to be the eighth in your gang! AFB 26. D: Albert Fink, Berlin W8 (SW). Japanese soldier takes place at a table together with England, France, Russia, Montenegro, Serbia, Belgium and Monaco.
110. *Japans Ultimatum an Deutschland* / Japan's ultimatum towards Germany. Der Weltkrieg 1914, No. 18. D: Albert Ebner, München, E. v. Baumgarten (F). John Bull holds a little Japanese monkey in uniform, who holds the ultimatum in his hands, up to a German soldier who says: *"Ich habe jetzt keine Zeit für dich, erst muss ich die rote Hose und den russischen Pelz ausklopfen* (I do not have time for you at the moment, I have to beat the red trousers and the Russian fur first)."
111. *Der gemeine gelbe Schweinsaffe* / The nasty yellow pig-monkey. D: Wm. Baron, Berlin-Ch. 2, Leonard (SW). *"Heimat: Japan. Eigenschaften: Diebisch und undankbar* (Homeland: Japan. Attributes: Thievish and ungrateful)". Uniformed Japanese monkey, on the chain of John Bull and prompted by him, puts forth his arm towards a cactus with the inscription Kiaochow.
112. *Ich klau' Kiautschau* / I'll steal Kiaochow. Feld-Postkarte (Military postcard), series no. 8. D: (F). Slippery Japanese, wearing a morning suit and patent leather shoes, rubs his hands because of his good idea.
113. *Schuft No. 7* / Villain no. 7. Military postcard of the Lustige Blätter no. 9. D: Dr. Eysler & Co, Berlin SW 68, (Walter) Trier (F, SW). Yellow man in uniform with Japanese flag and dangerous claws reaches out from Japan to Kiaochow.
114. *Ein sauberes Bündnis* / A Fine Alliance. D: (SW). Dog with a Japanese flag tied to its tail stands on the British bulldog and tries to get a sausage named Kiautschou (Kiaochow) which is lying on a cupboard.
115. *Der Engländer und sein Japaner* / The Englishman And His Japanese. Military postcard of the Simplicissimus no. 3. D: Simplicissimus-Verlag, München, Th. Th. Heine (F). The Englishman sends the Japanese monkey up an oak tree in which the German eagle is sitting and from which three corpses are hanging, and says to him: *"Jetzt klettre du mal auf die deutsche Eiche und versuche, ob du ihm nicht eine Feder aus dem Schwanz ziehen kannst* (Now climb up this German oak-tree, and try to pull a feather out of his tail)!"
116. *Jeder Klapps ein Japs* / Every slap a Jap. D: Buchdruckerei A. Braunschmidt, Coburg (F).
117. *Deutsche Prügelsuppe* / German whipping soup. D: A. Lynen's Verlag, Hannover (SW). Even the little Jap runs around half the globe, to get German whipping soup.
118. [Germany beats the Allies]. D: (SW). *"Jeder derb – ein Serb, jeder Schuss – ein Russ, jeder Stoss – ein Franzos, jeder Tritt – ein Britt, jeder Klaps – ein Japs* (Every coarse fellow – a Serb, every shot – a Russian, every shove – a Frenchy, every kick – a Brit, every slap – a Jap)".

119. [German lion's courage]. D: Alfred Lebenheim, formerly O.T., Berlin (SW). *"Der rohen Bestien Chor / bricht geifernd wild hervor / O Deutschland, triff sie gut! / Dir wuchs ja Löwenmut!* (The rude beasts' choir / foams wildly at the mouth. O Germany strike well home, you indeed acquired the courage of a lion)!" Germany's enemies are depicted as beasts and Japan as a monkey.
120. [Germania's fight against the beasts]. D: (SW). *"Wer in dem Krieg will Unglück han, der fang ihn mit den Deutschen an* (Those who want to be hurt in this war, should start it with Germany!)" Germania fights with her shield and sword against France, the pig, England and Belgium, the dogs, Russia, the bear, and Japan, the monkey.
121. *2 gegen 7. Hurra! wir wer'n das Ding schon schieben* / 2 against 7. Hooray! We will make it! D: (SW). Germany and Austria fight against seven countries. Germany spits on the fleeing little Japan.
122. *Deutschland über alles* / Germany above all. D: (F). Self-drawn postcard. The German eagle holds the Japanese flag in its claws.
123. *Les femmes alliées soldats: Japon* / The allied female soldiers: Japan. Series no. 58. F: A. Noyer, Paris, Xaver Sager (F). Idealized Japanese female soldier fights for *"Pour la liberté du monde* (The liberty of the world)".
124. *Les hymnes nationaux* / The national anthems. Série no. 59. F: A. Noyer, Paris, Xaver Sager (F). Idealized Japanese female soldier with national flag and the beginning of the Japanese national anthem *Kimi ga yo*.
125. *Infanterie Japonaise* / Japanese infantry. No. 1. F: Visé, Paris, Em. Dupuis (F). Idealized Japanese soldier at Kia Tscheou (Kiaochow) 1914.
126. *Les soldats du droit / Soldiers of justice and right.* No. 521. F: Visé, Paris, J. Em. Dupuis (F). Idealized Japanese soldier with national flag. Inscription "Japon (Japan)" und "Kiao Tschéou (Kiaochow)". Quotation from General Nogi: "La victoire est au parti qui tiendra un quart d'heure de plus que l'adversaire" / "The victory will be [sic!] to that party, which stands a quarter of an hour longer than his adversary".
127. *Le Japonais / The Japanese*. Editions "Aux Alliés" No. 16. F: Visé, Paris, Helio. L. Géligné (F). Japanese chick hatches from an egg, under which the conquered German eagle with a Prussian spiked helmet is lying.
128. *Pour une fois, sais-tu, que c'est seulement par eau que l'on va en Angleterre* / Now you know it once and for all, you can go to England only across the water! F: L. C. H., Paris (F). Japanese soldier ridicules German soldier after the fall of Tsingtao.
129. *Kiao Ciao* / Kiaochow. I: AT (F). Yellow man waves and shouts "Ciao!" to German soldier with a Prussian spiked helmet who rushes into the sea.
130. *Notre ami Jap s'en met aussi* / Our friend Japan is also joining now. F: August 1914, M. Radegnet (SW). Japanese soldier is plucking the German eagle.

131. *Entente cordiale* / The cordial entente. F: Faub. Poissoniere, Paris, 2.2.1915, Lebègue (F). "*Les français ont toujours aimé le japon* (The French have always loved the Japanese)". While during the Russo-Japanese War France supported Russia and Great Britain sided with Japan, in World War I all four nations were united against Germany.
132. *Jap's great brother*. F: Jean Bernard, Nimes (F). Jap: "*Tiens, vieux! tu me renverras ça de Berlin!* (Here, old man! You can send it back to me from Berlin!)". Japan hands over guns to Russia, in order that Russia can conquer Berlin.
133. *Il nuovo incubo di Guglielmone* / The new nightmare of William II. I: (SW). "*Due milioni e mezzo di Giapponesi!!!* (Two and a half millions Japanese!!!)". Emperor William II lies in bed and is threatened by many Japanese soldiers with their bayonets.
134. *La fine di un sogno / La fin d'un rêve* / End of a dream. I: (F). Since Germany is forced to fight on two fronts, at the West front and on the East front, Japan, Great Britain and Portugal, beaming with joy, portion out the German colonial empire.
135. *Comment on le traite! A la Japonaise. Un peu de jiujitsu* / How one treats him. A la Japonaise. A little bit of Jiu-Jitsu. Série humoristique de la guerre 1914, F: A. P. Jarry (SW).
136. *La vittoria gialla / La victoire jaune* / The yellow victory. I: Alberto Martini (F). A card from a huge series about the horrors of World War I. A yellow skeleton triumphs over a German soldier with Prussian spiked helmet. Japan's victory over Germany is interpreted as an epoch-making event, as final triumph of the Yellow Peril.

Fight Japanese imperialism!
Japan and the Soviet-Union
1938 – 1939

137. [Japanese soldier riding through Siberia]. Liedl Karoly 1920 (F). Caricature about the Japanese intervention in Siberia 1918 – 1922.
138. [Soviet soldier expels the imperialists]. SU: Moscow, 1930 (F). In the background warships of the enemies Japan, USA, and Great Britain.
139. [The weird shadow]. SU: Moscow, 1939 (F). Little Japanese flees from the shadow of a mighty Soviet soldier.
140. [The unsuccessful invaders]. SU: Moscow, 1939 (F). Two Japanese try to creep through under a locked iron gate, only to be welcomed by Soviet bayonets.
141. [The fruitless attack]. SU: Moscow, 1939 (F). Japanese soldiers run with their heads against a Soviet border post and fall into pieces.
142. [The imperialist general runs for his life]. SU: Moscow, 1939 (F). Upper part: Highly decorated, proud Japanese soldier runs with drawn sword through the

desert. Lower part: He lost all his beautiful decorations, lies naked in the desert sands and breathes his last.

143. [Japanese war against the Soviet-Union in four pictures]. SU: Moscow, 1939 (F). Japanese general proudly leads his troops up a hill (1). He stops on top of the hill and looks around (2). Soviet air squadron appears all of a sudden (3). Japanese troops are lying destroyed on the ground (4).

WE’LL BLOW THE JAP OFF THE MAP! THE PACIFIC WAR 7.12.1941 – 15.8.1945

144. [The Tripartite Pact wins over the British lion]. I: A. Bertiglia (F). Three children in uniforms with the symbols of Japan, Italy and Germany win against a fourth child, England, and are now taming the British lion.
145. [The Tripartite Pact pushes Great Britain into the sea]. I: A. Bertiglia (F). Three children in uniforms with the symbols of Japan, Italy and Germany push a fourth child, Great Britain, into the sea, while Russia and the USA are watching in astonishment.
146. [The Tripartite Pact as samurai]. I: (F). Gigantic Japanese samurai swings his broad sword. In the background the flags of Germany, Japan, and Italy.
147. [The fall of Great Britain and the USA]. C/2263, 1941, T. Matejka (SW). German soldiers rule over Europe, Great Britain is burning, and the United States are driven into the sea by Japan.
148. *Insolacao* / Sunstroke CH: (SW). Eleanor and Franklin Roosevelt are watching the rising sun Japan. Eleanor: “*Ai Franklin, como e‘que te foste por ao sol sem proteccao alguma!* (O Franklin, why did you dare to go out under this sun without protection?)”.
149. *The Yanks are coming*. A card from a series of ten, P Army Comics, no. 249. US: A Colour Picture Publication, Cambridge, Mass. 17.5.1943 (F). Japanese sits on a dentist’s chair. In front of him stands an American soldier with pliers saying: “Watch the little yellowman yell-o!”.
150. *Boy! Will we land them Japs on their axis!* Card JC1 from a series of ten, Jap Comics, No. 73938. US: Tichnor Bros. Inc., Boston, 1942 (F). Gigantic American fist knocks down a Japanese soldier. Pun of *axis* and *asses*.
151. *Hurrah, a letter. Now watch me slap those Japs.* A card from series no. USA-47. US: C. T. Army Comics, C. T. Art Colortone, Chicago, Curt Teich (F).
152. *Life in the marines is tough – but I’m making a good stab at it!* Card no. 3 of a series of ten, Marine Comics, no. 74326. US: Tichnor Bros. Inc., Boston, 1943 (F).

153. *Out on a limb, eh?* Card JC2 from a series of ten, Jap Comics, no. 73939. US: Tichnor Bros Inc., Boston, 1942 (F). Yellow Japanese monkey hangs with his tail from a twig and yells: “Help! Adolf!” An American soldier says: “That’s where you’ll all be hangin’ soon”.
154. *Those Japs will soon be slap-happy!* Card JC3 from a series of ten, Jap Comics, no. 73940. US: Tichnor Bros. Inc., Boston, 1942 (F). Uncle Sam slaps a little yellow Japanese with his gigantic right hand, so that the Japanese is seeing nothing else but stars.
155. *Greetings from U.S. to U.* Card JC5 from a series of ten, Jap Comics, no. 73942. US: Tichnor Bros. Inc., Boston, 1942 (F). The ‘greetings’ are bombs from an American airplane on Japanese running away in despair.
156. *We are giving these yellow bellied Japs what’s comin’ them – and how!* Card JC7 from a series of ten, Jap Comics, no. 73944. US: Tichnor Bros. Inc., Boston, 1942 (F). Two American soldiers practise hand-to-hand combat with a yellow sandsack on which is written Hirohito.
157. *Putting the heel in the right place!* Card JC8 from a series of ten, Jap Comics, no. 73945. US: Tichnor Bros. Inc., Boston, 1942 (F). American soldier steps on the face of a yellow Japanese lying on the ground.
158. *Two of a kind!* Card JC10 from a series of ten, Jap Comics, no. 73947. US: Tichnor Bros. Inc., Boston, 1942 (F). Skunk and skunk with the head of a Japanese confront each other face to face.
159. *We’ll blow the Jap off the map!* Card JC9 from a series of ten, Jap Comics, no. 73946. US: Tichnor Bros. Inc., Boston, 1942 (F).
160. *“Slap the Jap off the map”*. US: (F). Boxers’ fight between Japan and Uncle Sam. Churchill, Stalin, Hitler and Mussolini are watching and commentating.
161. *You tellum, soldier boy!* Card 211 from a series of ten, Morale Builders Series. US: A Colourpicture Publication, Cambrige, Mass. (F)
162. *Go to it, soldier boy!* Card 212 from a series of ten, Morale Builder Series. US: A Colourpicture Publication, Cambridge, Mass. (F). “Everyone here is itchin’ to do this kind of target practice, too”. Woman throws rolling pin into a Japanese face with bared teeth.
163. *Weather report: hot in lower regions following heavy reign!* Card no. C 134 from a series. US: E. C. Kropp, Milwaukee, Wis., 26.5.1942, C. Paris (F). Pun of *reign* and *rain*.
164. *Keep ’em flying!* Card no. C 139 from a series. US: E. C. Kropp, Milwaukee, Wis., C. Paris (F). Uncle Sam makes three yellow Japanese fly around with his kicks.
165. *Waiting for th’ Japanee sandman!* US: Mundo (F). *The Japanese Sandman* was a popular hitsong at the beginning of the 1920ies. The sentry is waiting for Japanese attacking during the night.

166. *But sir! It saves ammunition –*. A card from series C. T. Army Comics no. USA-41. US: C. T. Colotone, Chicago, Curt Teich (F).
167. *Hunting license*. Axis Series no. 74. US: Graphic Postcard & Co, New York (SW). "Open season on for Jap-Snakes. Will be recognized by that hissing S-S-S noise that sounds like 'So sorry please'. Warning – Do not turn your back as this animal is noted for Back Stabbing! Signed – Viper Exterminating Society".
168. *Jap war-lords*. Card no. 10 of a series. US: Zipper Novelty & Joke Shop, Los Angeles, Calif, H. Wachtman, Photo by Chas. Heath, (SW). "Donations for Japs. So sorry please!!". Japs only get dog shit.
169. *Made in Japan*. US: Babcock & Borough, Albuquerque, N. M. (F). "Caught in the Pacific. Tanned in the U.S.A. Here hangs the pelt of a Jap / who mistook a Yank for a sap / he never deserved to be preserved / so we just kept his hide and his cap." Many American soldiers took trophies from the Pacific War back to America: teeth, bones, and even scalps of killed Japanese.
170. *Setting the rising "sun"!* Card no. C 133 of a series. US: E. C. Kropp, Milwaukee, Wis., C. Paris (F). Two American soldiers fix the little yellow boy Japan to the pot.
171. *Remember Pearl Harbor!* Card no. C 135 of a series. US: E. C. Kropp, Milwaukee, Wis., C. Paris (F). Uncle Sam hits the blank arse of the little yellow boy Japan, which is already deep-red.
172. *Blackout of the rising sun*. No. AV210. US: Color Litho Postcards, MWM, Aurora, Mo., 11.10.1943 (F).
173. *The bird for the job!* Card JC 4 from a series of ten, Jap Comics, no. 73941. US: Tichnor Bros. Inc., Boston, 1942 (F). The American eagle throws Japan into mount Fuji.
174. *Slam the Axis postcards*. Envelope with six postcards. US: D. Robbins & Co., N.Y.C. 1943 (SW). "A laugh in every card! 6 different subjects. Clever original designs. Ready for mailing. Men and women in the services will appreciate receiving a set of these humorous cards." Two cards relate only to Hitler, the other four cards, which are introduced here, relate to the axes, represented by Hitler, Mussolini and Hirohito.
175. *Fortune teller*. "I see a bad finish for you rats." Uncle Sam tells the rats Hirohito, Hitler and Mussolini that a bad end is waiting for them.
176. *A royal flush!* Uncle Sam flushes Hirohito, Hitler and Mussolini down the toilet.
177. "*Look! Uncle Sam made monkeys of 'em.*"
178. *Unconditional surrender!* Hirohito, Hitler and Mussolini hang from a tree, the branches of which form a swastika and a rising sun. A small globe in front of them signifies they are crazy, thumbing its nose at them and stretching out its tongue.
179. *O wa ta na siam*. National series no. 1913, GB: (F). "The first line of the Japanese

national anthem – sung to the tune of 'God save the King'. – Try it! O wa ta na siam. You are quite right. You are!"

180. [Long-distance call between Hitler, Mussolini and Hirohito]. 22.8.1943 (F). Hitler: "Hello! Benito... Woe is me what trouble these French have given me with their allies. (I've sure pot luck)". Mussolini: "Me too... What with Tunisia lost and them so close to Italy is it a wonder I have the s... s." Hirohito: "Hello, hello! As for me in the Pacific...! I got the yellow jaundice but you'd hardly know it to look at me".
181. *Wanted. Big reward offered.* Card AC 110 of a series. US: MWM Color-Litho Postcards, Aurora, Mo. (F). "I'm coming home rich!". American soldier in front of wanted posters showing Hitler, Mussolini and Hirohito.
182. *We're really going to set'em on their axis!* US: Beals, Des Moines, Iowa (F). The pun of *axis* and *asses* seems to have been very popular. See no. 150 *Boy! Will we land them Japs on their axis!*
183. *No pork until these pigs are killed.* Axis series no. 61. US: Graphic Post Card Co., New York (SW).
184. *Ready for the dumps!* Axis series no. 60. US: Graphic Post Card Co., New York, B. F. Long (SW).
185. *The unholy three.* Card A14 of a series. US: J. H. 42 (SW). Hirohito, Hitler and Mussolini in tunicles in a gothic church.
186. *Three of a kind.* Card A 25 of a series. US: J. H. 42 (SW). Hitler, Hirohito and Mussolini as donkeys.
187. *X-ray photo of Hirohito's brain.* Axis series no. 52. US: Graphic Post Card Co., New York, B. F. Long (SW). "Cut throat. So sorry – please".
188. *Bundles for Hirohito.* Aviation Comic Series AV 209. US: MWM Color-Litho Postcards, Aurora, Mo. (F). "Tagged for Tokyo".
189. *"I'm going to wipe them out*". Card AC 114 of a series. US: MWM Color-Litho Postcards, Aurora, Mo. (F).
190. *A royal flush for Hirohito!* US: Kahuna Comics, Honolulu Hawaii (F). The Japanese fleet is flushed down the toilet. Since the Tenno was regarded a monarch, the pun with "*royal flush*" from playing poker and its estranged depiction seems to have been rather popular. See also no. 176 *A royal flush!*
191. *Ook Japan capituleert* (Japan surrenders, too). NL: Card for the Red Cross of the Netherlands, Utrecht, 15.8.1945, Design and words by Toon van Ham (F). *Uw grof geschut / Bleef zonder nut, / Want's werelds allerkleinste maat / Vond hier de beste en grootste baat: / Het batig slot! / Wij danken God, / Die's werelds allergrootste kwaad / Atomisch uit elkander slaat* (Their rough cannon / was to no avail / because the smallest measure in the world / found the best and greatest success here: / An amazing final! / We thank God, / the greatest evil in the world / desintegrates in atomic warfare).

Index of Artists

Numbers refer to the number of the postcard, not to page numbers.

Acknowledgements

I would like to thank Prof. Dr. Peter Pantzer, Frau Mag. Nora Gesellmann, Frau Aki Saruhashi, M. A., Frau Gudrun Llewellyn, Tobias James, Herrn Dr. Robert Llewellyn, Cynthia Peck-Kubaczek, Herrn Dr. Wilhelm Hopf, Frau Sonja Krahn and Herrn Frank Weber.

I dedicate this book to my daughter Maud and my wife Mag. Dr. Susanne Formanek.

Vienna, Summer 2005
Sepp Linhart